JN436950

여운 餘韻

여운 餘韻

2023년 3월 31일 1판 1쇄

지은이 한상완
펴낸곳 연세대학교 출판문화원
주소 서울특별시 서대문구 연세로 50
등록 1955년 10월 13일(제9-60호)
전화 02) 2123-3378~80
팩스 02) 2123-8673
전자우편 ysup@yonsei.ac.kr
홈페이지 http://press.yonsei.ac.kr
인쇄 화신문화(주)

ISBN 978-89-6850-708-3 (03810)

값 20,000원

한상완의 다섯 번째 시집

여운 餘韻

友江 한상완 시

一粟 오명섭 서예/愚齋 윤중일 사진

연세대학교 출판문화원

THE LINGERING IMAGERY

Poems of Dr. & Poet HAN SANG-WAN

Yonsei University Press

“ 다섯 번째 시집을 내며 ”

시가 몹시 그리울 때가 있다. 계절로는 깊어가는 가을, 붉게 물든 단풍을 만날 때 쯤이 그 중 하나이다.

<심상>의 신인상으로 2009년 말에 등단한 지 2022년 10월로 꼭 15년째가 되었다. 그동안 네 권의 시집 <편지>, <그대는 나의 별>, <불꽃>, <환생>을 상재했다.

시가 그리워지고, 내 영혼에 스며들면 시집을 더 낼 수도 있겠지만, 이제는 이만하면 되었다 싶기도 하다.

한 편의 시를 써도 참으로 깊이 있고 아름다우며 가슴을 흔드는 시를 쓰는 시인이야말로 진정한 시인일 터인데, 나는 어떤 시인인가 되돌아 본다. 그저 시가 그립고 가슴에 차오를 때면 그냥 쓴 시이니 그동안 시집을 내었다. “시인”이란 고귀한 이름을 들으며 여년을 보내며 70~80이 넘은 내 삶은 참으로 귀하고 자랑스러운 한편 수줍기도 하다.

시인으로 등단시켜 주신 문학평론가 박동규 교수님의 사랑과 배려, 문학평론가이시며 예술원 회장을 역임하신 유종호 교수님의 격려와 은혜를 난 결코 잊을 수 없고, 그 소중함을 평생 지닐 것이다. 떠오르는 별처럼 빛나는 문학평론가 유성호 교수님과 춘향 연구의 탁월한 고전문학자 설성경 교수에게도 깊은 감사를 전한다.

이번 시집을 출간하는 데는 내 아끼고 사랑하는 제자 김성수 박사, 노기춘 박사, 노영희 박사, 김태경 박사가 뜻을 모아 부족한 스승의 시집을 발간토록 지원해주었다.

지난 15년 동안 부족한 대로 아름답고 사랑이 번지는, 영혼 배어 향기로운 시를 쓰고자 했던 뜻이 다섯 번째 시집 <여운餘韻>에 배어 있는지 저어할 뿐이다.

2023년을 맞으며.

友江 한상완

차례

友江 한상완의 다섯 번째 시집

여운 餘韻

02
자연, 문명, 역사

03
삶의 주변

04
빛나는 지인知人의 영상

05 주의 은혜와 내리사랑

01 영원에 닿는 그리움

본향

살아 있단 근거는 단지
님을 만나는 일
만나야만 한다는 것
그 초점 하나

바라볼 수 있기를
가슴 가득 담아 둘 수 있기를
한시라도 그리움 훼손하지 않기를
그렇게 오로지 밤 낮 지새우던
더도 덜도 아니던 그 때

하루 이틀 사흘 나흘
열정 순수 삶의 모든 것
사랑으로만 엉켜 버무려지던
그 때가
본향이 아닐까

(2019. 8. 7.)

본 향

살아 있단 근거는 단지
님을 만나는 일
만나야만 한다는 것
그 초점 하나

바라볼 수 있기를
가슴 가득 담아 둘 수 있기를
한시라도 그리움 훼손하지 않기를
그렇게 오로지 밤 낮 지새우던
더도 덜도 아니던 그 때

하루 이틀 사흘 나흘
열정 순수 삶의 모든 것
사랑으로만 엉켜 버무려지던
그 때가
본향이 아닐까

우강 시
일속 서

자클린의 눈물*

자클린의 눈물에 흐르는
둔중한 첼로 멜로디에
이 가을 밤
휘영청 보름달은
왜 그리 높이만 떠 있는지

그리운 이여
그대는 어디에서
이 처절히 아름다운
보름밤을 안고
지새우는지
어떤 선율 울려
가슴에 흘려 내고 있는지

아
무상한 가을 밤
흐르는 대지의
쓸쓸한 바람결이여
덧없이 비켜가는
세월이여 영겁이여

(2019. 10. 13. 보름밤에)

---

* 자크 오펜바흐(Jacques Offenbach, 1819~1880)의 미발표 악보. 오펜바흐 사후 100년이 지난 뒤 독일의 첼리스트 토마스 미푸네 베르너(Tomas-Mifune, Werner)가 발굴하여 '자클린의 눈물'로 이름붙여 직접 연주하여 세상에 알려짐

자클린의 눈물

자클린의 눈물에 흐르는
둔중한 첼로 멜로디에
이 가을 밤
휘영청 보름달은
왜 그리 높이만 떠 있는지

그리운 이여
그대는 어디에서
이 처절히 아름다운
보름밤을 안고
지새우는지
어떤 선율 울려
가슴에 흘려 내고 있는지

아
무상한 가을 밤
흐르는 대지의
쓸쓸한 바람결이여
덧없이 비켜가는
세월이여 영겁이여

우강 시
일속 서

자클린의 눈물

한상완 시 / 김성희 곡

둔 중한 첼 로 멜 로 디 이
S.Vlc.
Pno.
가 을 밤 휘 영 청 보 름 달 은 왜 ㅡ 그 리
cresc.
높 이 만 떠 있 는 지 그 리 운
mf
mp

S.Vlc.
Pno.
이 여 그 대 는 어 디 에 서 이 처 절 히 아 름 다
운 보 름 밤 안 고 지 새 우 는
지 어 떤 선 율 울 려 가 ㅡ 슴
mf
f

42
mp
에 흘려내고있ー는 지 아 아 무ー상
S.Vlc.
Pno.
p
45
mf
한 가을밤 흐르는대ー지의 쓸쓸 한 바람 결 이
S.Vlc.
Pno.
mf
49
f
여
S.Vlc.
mf
f
Pno.
f

D.S. al Coda
mf
f
그 리 운 한 바 람 결 이
S.Vlc.
Pno.
ff
여
sf

Solo Cello 자클린의 눈물

한상완 시 / 김성희 곡

다시 태평양 해변에서

캘리포니아에 몇 번 왔지만
태평양이 끝없이 펼쳐져 있어도
그 끝 없음이란 무얼 의미하는가
영원과 잇대인 저 넓은 바다는
어떤 영감을 지니고 있는가
숙고한 일은 드물었다

그런데 꼭 15년 전 샌디에이고에 들러
이 너른 해변 어느 자그마한 카페 창가에서
학회 참석한 동료들과 마주 앉아
너르고도 너른 대양을 바라보며
시간일랑 접어둔 채 정담 나눴던
지난 세월이 아련한 그리움으로 다가온다

로스엔젤레스 천사의 고장 남녘
어바인에 터잡은 딸네에 와서
사무치게 보고싶던 손녀 손자와
태평양 해변 설트크릭에 가서
새삼 옛 회상에 젖는다
역시 대양이란 명성처럼
성탄절인데도 윈드서핑족이 눈에 띄고
망망대해에 하늘은 구름도 유유하다
두 돌 갓 지난 어린 손자 손 놓칠세라
잡은 할애비의 가슴은 기쁨으로 그득하고

가득 따스함이 밀려온다

이 넓고도 넓은 크고도 큰 바다
지구별 면적의 십분의 일쯤 차지한다는
거대한 바닷가에 서서
뭐라 표현할 언어만 궁색할 뿐
샌디에이고 해변
작고 조용했던 카페를 회억하며
세월의 덧없음과 인간사의 소소함
존재의 왜소함이 가슴을 적시지만
내 영원과 닿은 깊은 사랑을
저 망망한 대양은 짐작이나 할는지

(2019년 성탄일 오후 어바인의 설트크릭 해변에서)

백학봉의 연가

봄의 서기瑞氣 그윽한 날에
마주 서서 바라본 백학봉白鶴峰은
연년세세 흘러도 고고하고 장대하다

한겨울 북풍설한에도 늠름하고
연초록 생명 피어나는 봄에도
수려한 비자나무 숲 거느리고 있는 여름도
이 강산 제일의 찬란한 단풍 옷 입고 있는 계절도
하늘이 내린 순백의 겨울도
백학봉은 언제나 자태 웅박雄博하다

아 그러나 백학봉이 봄을 맞으면
심한 가슴앓이에 휩싸이는데 그건
건너다보이는 천년 고찰古刹 뜨락에
사백여 년간 피어나는 아리따운 고불매古佛梅 때문이라

봄바람에 피어나며 오묘한 향내 퍼내는
미모의 홍매紅梅를 연모戀慕하여
깊은 밤 잠 못 이루는 저 백학을
뉘라서 탓할 수 있으리요

금수강산 천하의 명산 백학과
수백년이 지나도 혼을 흔드는 꽃향으로 피어난
고불 홍매와의 연모와 사랑을 누구인들
찬탄하지 않고 스쳐 지나칠 수 있으리요
누구인들 축복의 함성을 터트리지 않을 수 있으리요.

(2021년 3월 17일, 백양사 천년고찰에서)

백학봉의 연가

한상완 시 / 이재석 곡

수 려 한 비 자 나 무 숲 을 거 느 린 여 름 에 도 ㅡ 이
강 산 제 일 의 찬 란 한 단 풍 옷 입 은 계 절 도
하 늘 이 내 래 준 순 백 의 겨 울 도 백 학 봉 그 자 태 웅 박 하 다
아 ㅡ ㅡ 백 학 봉 이 봄 을 맞 으 면 ㅡ

심 한 가 슴앓이에 휩 싸 이 는 데 —
저 건 너 보 이 는 천 년 고 찰 뜨 락 에 —
사 백 여 년 피 어 나 는 아 리 따 운 고 불 매 때 — — 문 — 이 라 —

봄 바 람 에 — 피 어 나 는 오 묘 한 향 내 를 퍼 내 는
미 모 의 홍 매 화 를 연 모 하 여 —
깊 은 밤 잠 못 이 루 는 저 백 학 을 —
뉘 라 서 탓 할 수 있 — 으 리 오 —

65
금 수 강 산 천 하 의 명 산 백 학 ㅡ 과 ㅡ
69
수 백 년 지 나 도 혼 을 흔 드 는 ㅡ 꽃 향 으 로 ㅡ
73
고 불 홍 매 화 ㅡ 의 사 랑 을 누 구 인 들 ㅡ
77
찬 탄 하 지 않 고 스 쳐 지 날 수 있 으 리 ㅡ 요 ㅡ

마음껏 천천히
rit.
누 구인들축복의 함 - 성을 보내지않을수있으리요 -
rit.

사랑은

사랑은
가슴에 찍힌 그리움 하나
그리움이 온 마음을 흔들고

사랑은
마음에 일렁이는 불꽃 하나
불꽃이 온 몸을 태우며

사랑은
외곬로 달려가는 의지 하나
그 뜻 멈출 수가 없으니

사랑은
그대를 온전히 받아들이는 정 하나
샘솟아 흐르는 정이어라

사랑은

사랑은
가슴에 찍힌 그리움 하나
그리움이 온 마음을 흔들고

사랑은
마음에 일렁이는 불꽃 하나
불꽃이 온 몸을 태우며

사랑은
외곬로 달려가는 의지 하나
그 뜻 멈출 수가 없으니

사랑은
그대를 온전히 받아들이는 정 하나
샘솟아 흐르는 정이어라

우강 시
일속 서

사랑은

한상완 시 / 이재석 곡

JSL202112DogSanSeoul

에 찍 힌 그 리 움 하 나 그 리
움 이 온 — 마 을 을 흔 들 고
사
— — 랑 — — 은 — — 사

— — 랑 — — 은 — —
마 — — 음 — 에 일 — 령 이 — 는
불 꽃 하 — 나 — —
불 꽃 이 온 몸 을 태 우 며

사
— 랑 — 은 — — 사
— — 랑 — 은 — —
외 골 로 달 — 려 가 — 는

의 — 지 하 — — 나 — —
그 — — — 뜻 — —
rit.
멈 출 수 가 — — 없 으 니 —
rit.
a tempo
사 랑 은 그 대 를 — —
8va
a tempo
8va

81
온 전 히 받 — 아 들 이 는 — —
정 — 하 — 나 — —
샘 솟 아 호 — — 르 — 는 — —
샘 솟 아 호 — — 르 — 는 — —
8va

정 — 이 — 어 라 — —
Marcato mono mosso
샘 솟 아 흐 르 는 샘 솟 아 흐 르 는
marcato mono mosso
충분히 여유롭게
정 — 이 어 라 — —

여운餘韻

어느새 가을이 온다
한평생의 삶 그 여운이
꽃향의 흐름처럼
고요히 가슴에 밀려오고

깊은 우정으로
시대를 지나온 다정한 벗들도
이제는 조용한 여운으로 번져가고

젊디젊은 영혼 모두 바쳐
그걸로 끝이어도
회한은 없으리라던
사랑의 폭풍도
아 이젠 미소지은 채
저 만큼 지나가는 여운 한자락

이 가을 이울면
북풍 한파도 밀려오겠지
그렇게 긴긴 여운 남기며
우리네 삶도 흘러가겠지...

여운 餘韻

어느새 가을이 온다
한평생의 삶 그 여운이
꽃향의 흐름처럼
고요히 가슴에 밀려오고

깊은 우정으로
시대를 지나온 다정한 벗들도
이제는 조용한 여운으로 번져가고

젊디젊은 영혼 모두 바쳐
그길로 끝이어도
회한은 없으리라던
사랑의 폭풍도
아 이젠 미소지은 채
저 만큼 지나가는 여운 한자락

이 가을 이울면
북풍 한파도 밀려오겠지
그렇게 긴긴 여운 남기며
우리네 삶도 흘러가겠지…

우강 한상완 시를
일속 오명섭 쓰다

여운(餘韻)

한상완 시 / 임긍수 곡

19
mp
은 —우 정 으 로 함 께 시 대 를 —지 나 온 다 정 한 벗—들
23
mf
도 이 제 는 —조—용 한 —여 운 으 로 —번 져 가
27
네
31
mf
젊 디 젊 은 영 혼 모 두 바 쳐 그 걸
mp

34
로 끝이여도 회한은 없 으 리 라—
37
던 사랑의 폭 풍 도 이제
40
mf
는 —조용한 여—운 으 로 번— 져 — 만 가——
43
네 아
mp

46
f
아 이—— 젠 미— 소 지—은
49
mp
채 저 만 큼 지 나 가 는 여—
1.
운 한 자 락 이 여 아 는 여—운
2.
52
f
rit.
한 자 락 이 여 — —

한치 절벽의 비치 힐

처얼썩 처얼썩
끝 없는 동해
한치 절벽 위의 비치 힐에는
파도 소리 그침 없고
먼 먼 바다의 그리움 싣고
바다 향한 유리 벽 집 절벽에
파도가 철썩인다

백두대간 너머 해는 지고
어두움 번지며 밤은 내린다
어언 이슥한 밤
하현下弦 달
외로움 가득 안고
동해에 둥싯 떠올라
넓고 넓은 검은 바다 비춰오니
오랜 기다림 끝의
기쁜 해후解逅인가

절경으로 서 있는 비치 힐과
원초의 그리움 서린 파도
이곳에 머물고 있는 나그네는
청초한 하현달에 빠져
연모의 밤을 지새우네

(2021년 10월의 말, Beach Hill에 머물며)

미미란 별명

때는 5월
장미 붉게 피어오르는 어느 날
오페라 라 보엠과 만난다

가난에 전 파리지앵 시인 로돌포는
다락방 이웃에 사는 미미가
촛불이 꺼져 빌리러 온다
작은 인연이 사랑의 다리를 놓아
연인이 되며 부른 시인의 아리아
'그대의 찬 손'은
청중의 가슴을 메어 온다

꿈은 크되 가진 것은 빈 손뿐인
두 젊은이
미미도 '내 이름은 미미'라 화답한다
맑고도 맑은 이들
연인의 사랑은 애닯고도 애닯다

꽃을 수놓아 연명하는 미미
게다가 몹쓸 폐결핵으로
창백하여 더욱 아름다운 그녀
이상과 현실의 너무 먼
그들의 사랑은 으스러져
슬픔의 비탄으로 처절하다

이룰 수 없는 사랑에 직면하여
죽음에 이르른 연약함에
더는 항거할 수 없는
미미의 죽음을 안고
절규하는 로돌포를
하염없이 보고만 있어야 하는
50여 년 전의 한 젊은 대학생은
기어코 눈물 바다에 범벅이 되었던
아 오페라 라 보엠의 회억이여

가난하고 이상은 드높았던 그 때
연모하던 내 그린내에게
나를 울렸던 이름 미미를
별명으로 삼아 불렀던 먼 기억이여

(2022년 5월, 오페라 라 보엠을 감상하며)

초승달 치자꽃

어젯밤
초사흘 초승달
유난히 초롱이더니

아침 뜰에
하얗게 피어난 치자꽃
두 송이

어쩌면 그 고아한 하얀 모습
그렇게도 짙은 향 지녔느니
여름 밤 초사흘
초승달 맞으려 피어난 치자꽃
아름다운 맵시여
고고한 자태여

(2021년 7월 1일, 음력 초사흘)

초승달 치자꽃

어젯밤
초사흘 초승달
유난히 초롱이더니

아침 뜰에
하얗게 피어난 치자꽃
두 송이

어쩌면 그 고아한 하얀 모습
그렇게도 짙은 향 지녔느니
여름 밤 초사흘
초승달 맞으려 피어난 치자꽃
아름다운 맵시여
고고한 자태여

우강 시
일속 서

참매미의 짧은 생애

내 누옥 집 뒤뜰엔 작은 숲이 있다
여름이 오면 어느 날
새벽부터 참매미 노래 소리 낭랑하다

홑눈 세 개 정수리에 이고 있는
몸 크기 고작 8센티의 작은 체구
7년간 긴긴 땅속 생활 접고
여름 되면 지구별에 나와
새벽 미명부터 힘차게 노래하는 매미

침묵 일관하는 암매미의
열정을 얻어내어
씨를 이어가려는
수컷의 열렬한 프러포즈 노래
짧고도 굵은 두 주간 생애가
치열하고도 애절하다

7년하고 두 주간의 전 생애 바쳐
암매미와의 한 사랑이
여름 한밤의 빛으로 빛나누나

(2022년 7월 말, 한여름 밤에)

02 자연, 문명, 역사

공산성에서

천년하고도 반천년이 흘러도
공산성 성벽 아래
유장悠長히 흐르는 금강은
말이 없고...

나그네
금성루에 홀로 서서
천년 거슬러 회상에 잠기나
성 안 넓은 공터는
백제 왕성 가뭇없고
푸른 풀밭만 넓직한 채
절벽 아래 강물만 유유하고
가을 하늘
흰 뭉게구름도 유유하니...

아
백제 영화 700년은 꿈이런가
무정한 세월의 덧없음이여.

(2019년 10월 19일 공산성에 올라)

우면산 기슭

서초의 남산 우면산 기슭엔
언제나 예술로 넘친다
음악 예술 전당 뜨락에 서면
클래식 음악에 맞춘
분수가 아름다이 퍼져 오른다

분수대 옆 오페라 하우스에선
프로그램에 따라 연주되어
오페라 팬의 선망이 되고
뜰 앞 예술의 전당에선
성악 연주와 오케스트라의 향연이
현란한 기악 연주가 줄을 잇는다

우면산 북쪽 앞 자락엔
사계절 음악예술 향내가
언제나 피어오르며
수많은 내외 예술가가 드나든다

예서
이 나라 음악 예술이 꽃 피우고
애호가들의 영혼을 울리는
예술과 사랑과 기쁨과 환희가
넘실대는
예술의 삶이
삶의 예술이 어우러지는
다정하고 아름다운 마을이다

봄비 맞으며 올라와도
여름 밤의 서늘함에도
가을 조락의 우수도
겨울 눈 내리는 포근함도
우면산 기슭은 가슴 활짝 열고
내왕하는 모든 이들 감싸 안는
피안의 고향이다
기쁨의 집이다
사랑이 편만하여
울림의 감동이 넘실대는
음악의 안방이다.

(2019년 10월 22일, 예술의 전당에서)

전설의 용두암

삼다도 제주 북해안
용연 바닷가에는
검은 용이 살고 있네

하늘로 비상하려던
거대한 용 한 마리
저를 낳아 준
어머니의 땅 버리지 못해
용맹스레 고개 쳐들고
여의주 입에 문 채
끝 모를 하늘
가없는 바다 향해
긴긴 세월 버텨 앉아
향수 서린 땅 제주
고향을 지키고 있네

광풍 노도 천지 흔드는
여름의 곤고함도 끄떡 없이
어머니 섬을 수호하고

가을 찬란한 석양의 계절도
검은 자태 변함 없으며

한 겨울 냉천의 혹독함도
추호의 움추림 없이
의연히 자리를 지키고

살얼음 추위 위로하는
꽃바람 그윽한 봄이 오면
연인 손길로 애무하는
봄바람 함께 미소 잃지 않는
전설 어린 용이여
어찌 우리 그대를 기뻐하지 않으랴

한라를 버리고 승천하여
승리의 화려한 길 마다하고
어제도 오늘도 내일도
탐라를 지켜 낼
저 믿음직한 모습
붉은 사랑의 심장 지닌 수호자
전설의 용두암을
어찌 찬양하지 않으랴
어찌 상찬하지 않으랴

(2019년 11월 24일, 벗들과 함께 찾은 제주 용연 바닷가에서)

용두암(龍頭岩)

한상완 시 / 김은혜 곡

17
T.
오 늘 도 내 일 도
Pno.
f mf
21
T.
탐 라 를 지 켜 낼 저 믿 음 직 한 모
f
Pno.
25
기쁘게
T.
습
기쁘게
Pno.
29
T.
Pno.
3

33
T.
rit.
Meno mosso (♩ = c.78)
mf
붉 은 사 랑 의
Pno.
rit.
Meno mosso (♩ = c.78)
mf
37
p
심 장 지 닌 ㅡ 수 호 자 용 두 암
p
40
mf
f
ff
수 호 자 용 두 암 ㅡ 용 두 암 을 ㅡ 용 두
mf
f
ff
44
mf
암 을 어 찌 어 찌 어 찌 찬 양 하 지 않 으
mf

48
T.
Pno.
f
라
어 찌 상 찬 하 지

51
T.
Pno.
않 으 랴

54
T.
Pno.
rit.
rit.
mp

세평하늘길을 걷다

산속 숲속 오지 봉화
협곡열차 시발점 분천역 떠나
소꿉장난 하듯 지은
조그맣고 예쁜 양원역 지나
승부역에 내려서
세평하늘길 따라
낙동강 상류 강 길
굽이굽이 흘러내리는
물길 벗하여 걷는다

비범한 산세를 비켜가며
유유히 흐르는 강은
천상의 그것인 양
맵시 내며 흘러내린다

강줄기 벗하여 나 있는 하늘길은
함께 흐르는 냇물처럼 굽이치며
길게 나 있고
초겨울 알싸한 대기 감싸여
오르락내리락 굽이굽이
우리도 함께 흐르고 있다

이승이라기엔 빼어나게 아름답고
고즈넉하여 강물 소리뿐인 이 길을
발소리도 내기 아까워
숨죽여 걷고 있으니
기묘하고 웅대한 석벽을 지나고
때론 생동하는 거북바위 두어 마리
강 건너 우리에게 다가오는 듯

한참을 내려오니
선약소仙藥沼에 닿아
아름다운 산 봉우리 둘을 만나
바라보니 연인봉戀人峰이다
두 자태 고운 바위산은
변치 않을 구원의 사랑 맹세하듯
서로 손 잡고
길손을 맞고 있으니
예가 지상의 길인가 하늘의 길인가
아니 선계仙界의 낙원인가

땅거미 져 고요한 샛길 걸으며
급류 강물 소리에 발 맞춰
어느새 대자연의 한 지체로
시공의 벽을 넘어
세평하늘길 선경에서
꿈결처럼 걷고 있네.

(2019년 11월 29일, 낙동강 상류 세평하늘길을 걸으며)

세평하늘길

한상완 시 / 김광자 곡

물 길 벗 하 여 ㅡ 구 비 구 비 물 길 벗 하 여 걷 - 는 -
다 ㅡ 비 범 - 한 산 - 세 를
비 켜 가 - 며 ㅡ 유 유 - 히 흐 르 는 강 은
천 상 의 것 인 양 ㅡ 맴 시 내 며 흘 러 간

다 ㅡ
이 승 이 라 기 엔 빼 어 나 게 ㅡ
고 즈 넉 - 해 강 물 ㅡ 소 리 뿐 인 ㅡ
낙 동 강 이 길 이 길 을 발 소 리 내 기 도

발 소 리 내 기 도 아 - 까-워 숨 죽 여 — 걷 고 있 다 —
숨 - 죽 - 여 걷 - 고 있 다 —
자 태 고 운 연 - 인 봉 지 나 노 라 니 —
예 가 지 상 의 길 - 인 가 — 하 늘 길 인 가 —

65
선 - 경 의 하 늘 길 을 —
(8va)
69
subito p
꿈 결 처 럼 걷 고 있 네 —
mp
73
f
꿈 결 처 럼 걷 고 있
76
ff
네 — — —

앵무새 떼의 춤

너르고 평평한 푸른 공원
가지런히 둘러서 있는 마을 한켠엔
어린이들 소음으로 자유로운
초등학교 교정
여느 가정집 모양
편안하게 들어서 있는 단층집 교사

오래 된 여러 종류의 가로수들
12월 동짓날
조금은 쌀쌀한 대기
아침 햇빛 찬란하고
높푸른 하늘
지구 한켠
평화 깃든 도시 어바인Irvine

속삭이는 소나무 마을에서 아침 산책을 한다

순간
기묘한 색깔의 합창으로
짹짹대는 새 떼가
날아올랐다 내려앉았다 한다

그 소리 예사롭지 않아
눈여겨 보니
초록에 노랑에 분홍이 섞인 가슴의
앵무새이다
동물원에서나 새장 속에 갇혀 있는
그런 모습엔 익숙하나
수백마리 떼로 몰려
날며 노래하는 앵무새라니
이채異彩롭고 놀랍다

떼로 몰려 자유로이 날며 노래하는
저 아름다운 모습이라니
가로수 위로 푸른 풀밭 위로
수십 마리씩 짝지어 둘러앉아
오색 선연한 수다로움 그치지 않고
동쪽 태평양 바닷가 마을의
겨울 계절에 펼쳐지는
놀라운 풍경에
나그네는 넋을 놓고 있다

(2019년 12월 동짓날 즈음 LA Irvine Whispering Pine 마을에서)

파리 목숨 문명사회

문명 찬란하다는 21세기
세계는 문화를 구가謳歌하며
자긍 넘치던 2020년 초
난데없이 중국 우한에서 발생한
생물 바이러스 코로나는
그곳에서 잡혀 잠잠하길 바랐으나
이 치명적 비세포성 생물이
회오리바람처럼 전 지구에 번져
미처 숨고를 겨를도 없이
무차별 전 세계인 감염시키며
5개월간 천만 명이나 확진되고
오십 여만 명 고귀한 생명을 앗아갔다
이런 엄청난 희생이 언제까지 지속될지
예측조차 할 수 없다니...

만물의 영장으로 지구별을 독점
기고만장氣高萬丈 떵떵거리며 주무르던
인류가 마치 등불 앞의 파리 목숨 아닌가
폐쇄 공산국 중국 우한의 생화학무기연구소에서 발원해
전 지구인이 손써볼 틈도 없이
이 대륙 저 대륙, 이 나라 저 나라로
들불처럼 번져 감염자를 양산하니
오! 속수무책 대재앙에 떨고 있는
초라함이여, 슬픔이여!

유례 드문 이 대참사는
콧대 높은 안하무인眼下無人 인류에 내린
하늘의 엄중한 경고일레라

생명을 담보한 의료인들의 희생 봉사에도
꺼지지 않는 이 암흑暗黑의 그림자
언제 사그라들런지...
하늘이 선물한 이 지구 헤집고 파헤친
자업자득 인류의 오만
더 늦어 파멸되기 전 이제라도
겸손 상생으로 사랑의 길 가면 어떠하리

(2020년 7월에, 방안에 갇혀서)

옛 미시령 구름고개

백두대간 넘어
동해 향해
차를 달린다

빠른 길 제쳐두고
미시령 옛길을 간다

좁은 2차선
꼬불꼬불
천천히 넘어간다

깊은 산골짝
칠월의 산천은 풍요롭고 울울하다

미시령 고개 정상에 올라
동해를 바라보니
아뿔싸
동해의 넓고 푸른 바다도
푸른 하늘도
짙은 안개구름 덮여있다

동쪽 시야는 막히고
짙은 안개
짙은 구름으로

하늘도 막혔다

무럭무럭 피어오르는
구름 세상 구름 세상

동승해 운전하는
애제자 염려스러운데...
그래도 길은 떠나야 하는데...

천천히
아주 천천히
헤드라이트 켜고
내리막길
꼬불꼬불 내려간다

길 앞은 구름뿐
우린 구름 타고
아예
구름 하늘을
천천히 아주 천천히
날아가고 있었네
날아가고 있었네

(2020. 7. 29.)

잃어버린 봄, 여름, 그리고

사계절의 축복을 누려온 한반도
바뀌는 자연을
마음과 몸으로 만끽하며
세월과 함께 절기가
올해도 찾아왔건만
그러나 그 찬란한 봄은
우리의 봄이 아니었네

지구의 재앙 코로나 바이러스는
이 땅에 공포와 죽음의 어둠으로 다가와
봄은 봄이로되
꽃은 피어 화사한데
봄이 왔는지 갔는지
꽃이 폈는지 졌는지
느끼며 누릴 혼을 앗아가 버렸네

어언 여름이 왔는데
두어달의 장마는
바이러스 패닉과 어울려
태양의 빛과
하늘의 푸르름도
사회적 거리두기인 양 멀어져
제 홀로 홍수 피해를 입히며
지나쳐 가고 있네
세계인이 일찍이 경험치 못한
우한 바이러스 재앙이
빼앗긴 봄 여름 넘어
선선한 가을에는 물러가려는지
또다시 가을도 겨울도
세월을 앗기고 아쉬워하며
하늘의 재앙을 견뎌야 하는지

(2020. 8. 15.)

서울역

아주 가끔 오지만
언제나 낯설고
혼자가 두드러지는 곳

역 앞 빌딩에서
오년 여 일하며 오고 갔건만
정 붙이는 데완 거리가 먼
낯선 이름 낯선 곳

수많은 사람 서로 다른 일로
잠깐 모여 들었다간
뿔뿔이 흩어지고

역에 내린 이들
제 각기 어디론가 돌아가는
섬
서울역에 홀로 앉아 있는
외로운 나그네

(2012년 3월 16일)

합창

새벽 미명
집 뒤 숲에서 매미가
합창과 독창을 시작한다

땅속에서 7년
태어나서 2주간 사는
짧디짧은 생애지만
온 생명 바쳐
청량한 소리로 지치지 않고
수컷 매미는 노래한다
암컷 연인을 위하여

삶과 사랑을 위해
노래하여 짝을 만나면
귀한 씨를 남기고
훌훌히 미련 없이 떠나는
매미들의 합창
처연하고 아름답다

합 창

새벽 미명
집 뒤 숲에서 매미가
합창과 독창을 시작한다

땅속에서 7년
태어나서 2주간 사는
짧디짧은 생애지만
온 생명 바쳐
청량한 소리로 지치지 않고
수컷 매미는 노래한다
암컷 연인을 위하여

삶과 사랑을 위해
노래하여 짝을 만나면
귀한 씨를 남기고
훌훌히 미련 없이 떠나는
매미들의 합창
처연하고 아름답다

우 강 시
일 속 서

낮달

하오 5시
사천에서 출발한 버스가
한남대교를 건넌다

너르고 유유한 한강 위에
너무나 선명한 낮달이 떠 있다
너무나 아름답고
너무나 신비로운 색조
그렇게 둥글고
그렇게 크지도 않은

저 붉고 선명한 자태
인간의 영혼을 흔드는
단아한 낮달

(2021. 11. 14.)

낮달

하오 5시
사천에서 출발한 버스가
한남대교를 건넌다

너르고 유유한 한강 위에
너무나 선명한 낮달이 떠 있다
너무나 아름답고
너무나 신비로운 색조
그렇게 둥글고
그렇게 크지도 않은

저 붉고 선명한 자태
인간의 영혼을 흔드는
단아한 낮달

우강 시
일속 서

3월의 수선화

봄 3월 맑은 날
지리산 자락 치즈 랜드는
온동산 노란 세상

하늘빛 맑은 호수
파아란 물비늘 일렁이고

이미 푸른 동산 아래 편엔
찬란한 노랑 수선화 세상
저렇게 노오란
수 만 송이 수선화
방긋 웃고 있는데

조용히 다가가 말을 건넨다
이 봄 이렇게 화려한 단장 위해
얼마나 애썼냐고
은은한 향내로 수줍은 대답
작년에 지고나서
꼭 1년 단장했노라고

(2022년 3월 27일, 지리산 자락에서)

3월의 수선화

봄 3월 맑은 날
지리산 자락 치즈 랜드는
온동산 노란 세상

하늘빛 맑은 호수
파아란 물비늘 일렁이고

이미 푸른 동산 아래 편엔
찬란한 노랑 수선화 세상
저렇게 노오란
수 만 송이 수선화
방긋 웃고 있는데

조용히 다가가 말을 건넨다
이 봄 이렇게 화려한 단장 위해
얼마나 애썼냐고
은은한 향내로 수줍은 대답
작년에 지고나서
꼭 1년 단장했노라고

우강 시
일속 서

03
삶의 주변

성북천 안감내

서울 도성 북쪽 뒤편
듬직하고 우람한 북악산
우뚝 서서 도시 보듬고 있다
백악이란 이름도 지닌 북악 동쪽 구준봉에서
남동 향해 흘러내리는 냇물이
도성 북쪽 성북천으로 모여 흐른다
원래 안감내란 이 시내는
삼선교에서 청계천까지
아름답고 정겹게 십여 리 흘러간다

백악에서 발원해 조용조용 흐르는 물길은
한양 도성 북문인 숙정문을 비껴
길상사 앞을 거쳐 성북동, 삼선교에 이르는데
이 시내는 도로로 덮여 옛 모습을 잃었다
삼선교 네거리에서야 비소로 제 모습 드러내며
잔잔히 흐르는데 여울다리 근처에선
제법 큰 물소리 내며 여울져 흐르는 맑은 내

세 신선과 한 옥녀가 더불어 노닐던
전설 서린 삼선평이었으니
예서 냇가 따라 걷는
고즈넉하고 안온한 산책로는
기품도 기쁨도 어려있다

청계를 향하여 출발하면
스무 개 쯤의 다리와 만나는데
그 이름들이 예사롭지 않다
희망다리, 늘벗다리, 물빛다리가 있는가 하면
한빛다리, 여울다리, 바람마당교가 있어
미소 짓게 한다
동네 이름따라 놓인 다리도 많은데
안암교, 용문교, 보문교가 그러하다
청계천 바로 직전 미우당교를 지나면
성북천은 청계에 합류한다

오밀조밀한 냇가 걷노라면
걷기 운동 나온 많은 시민들
각양각색 자유로운 차림새로
선남선녀, 남녀노소
개성 있는 이들 만남도 재미지다
다만 세 신선과 놀았다는 옥녀를
만날 수 없는 아쉬움은 남지만...

철 따라 냇가의 모습이 변하는데
가을이나 겨울철엔 갈잎들이 말라있는데도
오리 한 쌍이 다정히 노니는가 하면
아주 운 좋은 날엔
백로 두어 쌍이 거닐다 날아오르다 하는
모습도 만날 수 있으니
여기를 어찌 서울 도심이라 일컬으랴

산책로 가에는 잠시 쉬어 갈 의자나 운동기구가
심심치 않을 거리 두고 갖춰져
시민들의 사랑을 받고도 있다

오늘은 미세먼지 없음의
청천에 청명한 이른 봄 하늘
아
이제 봄이 쉬이 다가오려나
백로 한 쌍이 날고 있고
미풍도 따사로운 햇살도
아기자기한 안감내를
삼선의 신선인 양
가뿐히 걷고 있다

(2020. 02. 23.)

하늬바람

원인도 제대로 발표하지 않은
우한 코로나 바이러스 팬데믹 사태로
나라 안팎이 고뇌와 어수선함에 휩싸인 채
마스크, 면장갑 끼고
오랜만에 정릉 산책에 나선다

신덕왕후 능을 왼쪽 옆으로 끼고
냇가 따라 오솔길에 오르면
점점 가파르고 송림숲 우거진
오르막길에 닿는다
두어 오름 더 오르면
북악 능선이 서북에서 동북으로 빙 둘러
천혜의 웅장하고 빼어나게 준수한 풍광
한눈에 들어오는 언덕에 선다

삼월 중순
이젠 더 미룰 수 없는
초봄 모습 여기저기 배어 있는 숲
미세하게 새순이 미어져 나오는 나목의 가지
따사로움 지닌 햇님 미소 가득

언덕의 바위에 걸터 앉아
북한산 영봉들을 둘러보니
왼쪽 서북녘에 백악산이 우뚝하고
눈길을 조금 북쪽으로 돌리면
향로봉과 비봉이 병풍인 양 짝하고 서있다
그 오른쪽엔 문수봉과 보현봉이 손에 닿을 듯하고
문수봉에서 시작한 능선 따라 동으로 북한산성이
백운대 가까이까지 긴 역사 지닌 채 둘러 있다
세계의 명산인 북한산 주봉 백운대, 만경대, 인수봉이
수려하고 기골찬 자태로 마치 오누이인 듯 자리하고
여기서 소리내면 메아리 울림 되돌아올 듯한
자태에 넋을 잃고 응시한다

바른쪽 동북으로 시야를 옮기면
동양 산수화처럼 아기자기한 기암괴석의 도봉산
자운봉과 만장봉이 확연히 들어온다
그 아름다운 병풍이라니...
길 하나 건너면 수락산이 맥을 잇고
동남향에 불암산도 한눈에 박혀 온다

명품 북악산 줄기줄기 산수화에 빠져있는데
갑자기 쌩하는 바람 소리와 함께
볼을 야멸차게 할퀴는 추운 바람결이 밀려온다
대낮의 환몽에서 깨어나란 듯...
서북풍의 한기는 아직 겨울이 이울지 않았노란
항변이다

봄은 아직 이 땅에 도착하지 못했는가?
내게 불어 온 이 칼날 서린 바람
그건 바로 하늬바람

북한산의 장엄하고 빼어난 자태에
흠뻑 빠져든, 꿈 같은 환상은 여기까지
난 두 말 없이 바위에서 일어나
바지 툭툭 털고
정릉을 왼쪽으로 끼고 흘러내리는
냇가 길을 따라 하산한다

(2020년 3월 13일, 정릉 산책길에서)

우리 마을

북악산의 동편 초입
흥천사 근처에 버스를 내려서면
교수단지 푯말이 기다린다
동북향으로 난 길을 따라
내려가는 언덕길에서 바라보면
저 멀리 북한산 연봉이
병풍인 양 의연히 늘어서 있다

맨 왼쪽 두 봉우리 다정한 형제봉부터
바른쪽으로 의젓한 보현봉 우뚝하고
그 옆은 대남문, 남장대로
보국문 지나 서단봉을 뒤로 한 동장대와
대동문으로 이어지는 길고 아름다운 능선은
깊은 겨울엔 삭풍, 살뜰히 막아주고...
병풍 산줄기 뒤쪽 하얀 바위산 북한산 주봉 백운대의
은은한 자태와 인수봉의 정기의 의연함이라니

겨울은 하얀 눈 산
여름은 푸르른 하늘 아래
펼쳐진 녹색의 생명 잔치 벌이고
가을엔 온통 붉게 물들어 가슴 흔들며
봄엔 신화처럼 흐르는 아지랑이 아련한 능선

연년 내내 맑은 날이면
헤일 수 없는 모습으로 재주 뽐내는 구름구름
산맥 위 푸른 하늘에 유유하고

마을길 가파름 타고 내려오면
손에 닿을 듯
정릉 숲에 안겨 있는
우리 마을 교수단지
이곳에 작은 집 한 채 지어
어언 반백 년 세월 함께 흐르고 있는
우리 마을

(2020년 9월 초가을을 맞으며)

갈색 비

북악산길 옆
흥천사 오솔길 걷노라니
서늘한 가을바람 세차다

순간
갈색 비가 쏟아져 내려
앞을 가린다

갈색, 붉은색, 주황색
가랑잎 낙엽 비
마주 선 햇볕에 얼비치며
바람결에 흩날려 내린다

아 이 계절도 깊어가고
한 해 살아낸 잎들도 지고 있구나
내 여년도
갈색 비에 젖어
지고 있는가

(2020년 10월 28일)

갈색 비

북악산길 옆
홍천사 오솔길 걷노라니
서늘한 가을바람 세차다

순간
갈색 비가 쏟아져 내려
앞을 가린다

갈색, 붉은색, 주황색
가랑잎 낙엽 비
마주 선 햇볕에 얼비치며
바람결에 흩날려 내린다

아 이 계절도 깊어가고
한 해 살아낸 잎들도 지고 있구나
내 여년도
갈색 비에 젖어
지고 있는가

우강 시
일속 서

갈색 비

한상완 시 / 이남림 곡

17
Voice
Pno.
mf
앞 을 가 린 다 — 갈 색 붉 은 색 갈 —색 주 황 색
21
mp
mf
가 랑 잎 낙 엽 비 — 마 주 선 햇 — 볕 에
25
mp
얼 비 치 면 — 바 — 람 결 에 흩 —날 려
8vb
29
내 린 다

33
Voice
♩=ca.86
mf
아
Pno.
♩=ca.86
mf
37
Voice
f
아 이 계 절 도 깊 어 가 ㅡ 고 한 ㅡ 해 살 아 낸 잎 들 ㅡ 도 지
Pno.
41
Voice
mp
mp
mf
ㅡ 고 있 구 나 내 여 년 도 갈 색 비 ㅡ 에 젖 ㅡ 어 갈 색 비 ㅡ 에 젖 ㅡ 어
Pno.
45
Voice
p
poco rit.
♩.=ca.34
자 고 있 는 가
Pno.
♩.=ca.34
mp
mf

49
Voice
Pno.
mf
북 악 산길 — 옆 — 홍천 사오솔 길
54
Voice
Pno.
걷 노 라 니
서 늘한가을바람 세 차 다
mp
서 늘한가을바람 세 —차 —
rit.
59
a tempo
Voice
Pno.
다 —
poco accel.
p
a tempo
mf
8vb

솔샘길

북한산 보현봉에서 한 줄기
보국문에서 한 줄기 발원한
정릉천엔 개울 따라
고요한 솔샘길이 나 있다

정릉 청수 유원지에서
두 냇물이 합류하여
청정한 물이 흘러내린다

냇물은
경국사를 휘돌며 내려
천변 풍경 갤러리 지나
졸졸 흐르는 솔샘길 정릉천은
고즈넉하고 아름답다

오늘 올 들어 가장 추운 날이건만
햇빛, 따사로움 새삼 정겹다

청류 흐르는 냇가엔
청둥오리 네 쌍이
오순도순 거닐고 있다
수컷 청둥의 오색 빛깔의 신비함과
암컷 청둥의 갈색 단정한 모습
다정스럽다

서울 한가운데
솔샘길 냇가에는
1급수 맑은 물에 사는
버들치도 무리지어 놀고
청둥오리와 더불어 사는
경이로운 모습이라니...

솔샘길
조용히 걸어가며
자연의 오묘함과 경외
조용히 가슴에 울려온다

(2020년 12월 14일, 오전에)

5월 밤 소야곡小夜曲

반달이 서녘 하늘 넘어 자정
한밤중 잠자리에 들려니
울창한 대나무 숲 뒷산에서
애절한 소쩍새의 소야곡 선명하다
가슴에 얼마나 깊은 정한情恨 담겨
저리 애끓는 노래인가

두어 시간 후 겨우 잠들려는데
이번엔 새벽 닭의 청아한 울음
연이어 대여섯 번 선명한 노래
부지런한 농부 깨우는 소야곡으론
너무 이른 연주

얼핏 잠들어 있는 중
이번엔 수 많은 새들의 합창 소리
그 중 단연 뛰어난 솔리스트는
종달새의 노래

이젠 이 아름다운 산촌 마을
노루골에서의 잠 잘 마음 접고
합창 소야곡에 취하여
새벽을 맞는다

아 아름다운 5월
신선한 계절의 새벽을
새들의 합창 노래와 함께
두 손 벌려 맞는다

(2021년 5월 23일, 담양 미암박물관 정관루의 새벽)

팔찌

팔찌를 차게 되었다

피골이 상접하여
걸음도 못 걷고 휘청이는 아내는 결국
병원 신세를 지게 되었다

코로나 팬데믹의 위력으로
보호자도 코로나 검사는 필수
병원 출입을 위해
매일매일 설문지와 연락처 적고
환자의 보호자 증명 팔찌도 채워줬다

난생 처음
팔목에 채워진
뉴 패션 팔찌를 보며
병상에 누워 있는
아내의 안스러움에 더해
새로운 병원 풍경에
실소 금치 못한다

전대미문前代未聞의 고통스런 세상을 살아가며
바라기는
어서 평상의 삶으로 회귀할 수 있기를
소망해 본다

(2021년 7월 8일, 세브란스 병원에서)

밤의 발걸음

조용히 밤이 내린다
어두움으로 그믐엔 외롭다

샛별이 벗해 줄 땐
어두움도 빛이 나고
별빛이 초롱이는 날엔
어두움을 감싸준다

보름이면
어두운 밤도 훤하다
마치 연인을 만난 듯

온 세상 고요한 어둠뿐일 때
하현이 고요히 떠오르면
밤과 그믐달만
온 세상에 편만할 뿐인
밤의 발걸음

(2021. 11. 15. 밤에)

밤의 발걸음

조용히 밤이 내린다
어두움으로 그믐엔 외롭다

샛별이 벗해 줄 땐
어두움도 빛이 나고
별빛이 초롱이는 날엔
어두움을 감싸준다

보름이면
어두운 밤도 훤하다
마치 연인을 만난듯

온 세상 고요한 어둠뿐일 때
하현이 고요히 떠 오르면
밤과 그믐달만
온 세상에 편안할 뿐인
밤의 발걸음

우강 시
일속 서

번호표 인생

세상에 첫 울음 터트리며 나온
갓난아이도
엄마 배 안에서
생명의 번호표 뽑는 일이
제일 먼저다

이 검사 저 검사 받을 때마다
번호표는 필수

한나절
이 번호표 저 번호표 뽑고
이리저리 처치를 받은 후
수납도 이 일은 필수

오후에 이르러
겨우 수술 날짜 번호표
하나 받고야 해방

귀갓길엔 새삼
자유가 소중하다

아마도
이 인생 홀로 걷다가
쓸쓸히 이승을 하직할 때에도
저승의 번호표가 필요한 것
아닐까?

(2021년 11월 19일, 병원을 다녀오며)

어두운 밤 유리창에 비친 백발

깊어가는 봄밤
우연히 창 밖을 보았다
유리창엔
흰 머리의 노인 모습 어려있다

연륜 흘러 팔십여 년
어느새 희게 센 머리
엷은 미소 머금은
나의 인생이
그곳에 비춰 있다

세월의 강과 함께
흐르고 흘러
저 백발에 이르른
자화상이 그려져 있다

(2022년 4월 22일, 늦은 봄밤에)

하루

하루 이틀 사흘
세월을 셈하지만
그래서 내일은 이틀
모레는 사흘이라지만

그러나 언제나
하루로 시작되고
그 하루가 지나면 어제인
그 하루와 하루는
단 하나뿐인 세월의 흐름일 뿐

하루가 지나며 채운의 석양이 지고
밤 지나 아침 햇살을 만나도
그 또한 하루인 것을...

모든 하루하루에
우리의 삶은 담겨
결국 우린 하루의 인생

내 망구望九의 생애도
하루에 깃들고
덧 없이 하루하루에 담아
이울고 있음이네

(2022. 8. 16.)

하루

하루 이틀 사흘
세월을 셈하지만
그래서 내일은 이틀
모레는 사흘이라지만

그러나 언제나
하루로 시작되고
그 하루가 지나면 어제인
그 하루와 하루는
단 하나뿐인 세월의 흐름일 뿐

하루가 지나며 채운의 석양이 지고
밤 지나 아침 햇살을 만나도
그 또한 하루인 것을…

모든 하루하루에
우리의 삶은 담겨
결국 우린 하루의 인생

내 망구望九의 생애도
하루에 깃들고
덧 없이 하루하루에 담아
이울고 있음이네

우강 시
일속 서

지붕 위에 뜬 초승달

캘리포니아 풀러턴의 저녁은
해가 지자마자 어두움에 잠긴다
뜨덤뜨덤 민가의 가로등은
비치는 듯 아닌 듯

서녘 태평양 쪽 하늘엔
눈에 띄게 커다란 초승달
동네 지붕 위에 선명하다
긴 타원형 예술처럼 흰 달
보기에도 시원스런 아름다움

저녁 대기는 맑고
밤하늘 별도 명랑하다
동쪽 해 뜨는 나라에서 온 이방인
저녁 산책 길엔
꽃미녀의 늘신하고 고운 모습
초승달이 고즈넉이
길벗 해주고 있다

(2022년 9월 27일 오후 7시 30분)

04 빛나는 지인知人의 영상

불멸의 거목

어느 봄날 갓 대학을 마치고
푸른 꿈을 꾸며 장래를 설계하고 있는
아리따운 교육학도에게 스승으로부터의 전언 한마디
이 나라 교육의 한 귀중한 축을 위한
새 지평을 여는 지역사회학교운동 일을 해 보라는.

처음 시작한 운동 단체에 첫발을 디딘
재동초등학교 1층 복도 끝엔
책상 하나 걸상 하나뿐이었다.
그 시작은 그러하였으나 청운의 높은 이상과 꿈을 지닌
여성 주성민이 지역사회학교운동의 지평을 넓히며
지난한 세월을 인내와 불굴의 용기로
걸어온 한걸음 한걸음이 어언 50여 년
얼마나 눈부신 희망과 고민과
좌절과 성취가 함께했던
빛나는 보람으로 결실 맺어간 세월이었던가
그에게 이 생애를 바친 운동은
나라의 시민 수준 향상과 선진 문화를 이룩하려는
신념이자 차라리 종교였으리라

언제나 조용한 미소, 밝은 표정의
단아한 음성으로 지역사회교육운동과
세월을 함께하며 뚜렷한 비전 지닌
조용하지만 확실한 행동 실천으로
척박한 지역시민 교육과 향상을 위한
선각의 길을 뚜벅뚜벅 걸었다.
이 운동에 깊이 감동하고 참여했던
정주영 회장의 조건 없는 물심양면 지원을
이끌어낸 것은 이 애국교육운동에
봉화를 밝혀주는 계기가 되어
전국에 30여 개의 지교협이 설립되는
쾌거를 이뤄냈으니 이 어찌 기적이 아니었으랴!

그대
그대는 불모의 지역사회교육에 불을 붙이고
활활 타오르게 하여 진작 발전시킨
진정 불멸의 지도자였고 거목이었다.

외롭고도 때론 곤고한 도정을 쉬임 없이
한눈 한번 팔지 않고 생애 바쳐
헌신하였으니 당신을 아는 이들이
어찌 찬탄과 기쁨을 함께 하지 않았으리요.

그런데 어쩌랴
성경의 욥이 겪은 시련처럼
뜻밖의 배반과 모략에 처했으니...
그로 인한 심신의 상처와
치명적 위해를 입고야 말았다.

이 어이없는 모함과 타기할 시련은 몇 년간의 인고를 겪으며
끝내 바로잡혔고
긴 기간 투병 끝에 건강도 지켜냈으니
법과 도덕과 정의는 얼마나
그 끝이 명쾌한 것인가.

격분과 격동의 도전을 넘어 이 나라 지역사회교육운동은 이제
새 반백 년의 청사진과 새 둥지를 마련하고
힘찬 걸음으로 재출발하고 있으니
이를 지켜보는 주성민의 환한 미소와 다시 마주하게 됨은
이 어찌 축복이 아니랴 이 어찌 우리 모두의 기쁨 아니랴
반백 년 지역사회교육운동의 산증인으로 생동하는 긍정의 실천가로
사랑과 헌신의 생을 바친 우리 모두의 영원한 친구
불후의 선구자 주성민
이제는 그대 위에 하늘의 축복이 언제나 어디서나
가득 넘치시길 축원할 따름인저!

천진 해변 하얀 집 STAY-G

나의 시우詩友는
오륙 년 전 어느 날
동해안 푸른 바닷가에
하얀 집을 지어 살고 싶다 하더니
과연 하얀 파도 넘실대며 벗해 주는
고성의 천진 해변가에
하얗고 아름다운 집을 지었다
이름하여 STAY-G
모든 방에 따뜻한 풀을 갖추고
너른 동해바다에 면한 쪽은
전면 유리창으로 하여
손만 내밀면
파돗물에 담글 수 있는
환각을 일으키는 집

외모도 백설처럼 하얗고
실내 벽과 천장도
모든 가구도 모두 흰색
널찍하며 고급스런 방은 모두 네모로
상큼하게 정돈된
그 깨끗함이라니...
아름다운 하얀 방에 머물면
낮의 푸른 파도와
아련히 멀고 먼 수평선도
하얗고 정결하다
그 하얀 천사의 방에
하루를 묵으면
마음도 하얘지고
몸도 하얘진다
하룻밤
꿈을 꿔도 하얀 꿈
그렇게 세속의 어두움은
순수로 물든다
계절 바뀌어 흰 눈 내린
겨울밤을 지새노라면
영혼도 말갛다
파도 소리에 잠을 깬
새벽 미명을 밀어내며
동터오르는 일출은
새 생애의 첫날인 양
축복과 소망을 지녀
붉고도 찬란하다

혜경 시인, 그녀는
맑고 고운 혼을 지녀
깔끔하고 아름답기 그지없다
하얀 집을 지어 이름 지을 때
명쾌함과 은유를 지닌
"STAY-G"라 했다
하루 이틀 머물 수 있는 STAY
우리 삶의 무대인 STAGE를 묶어
간단명료한 STAY-G란 당우堂宇
네모반듯하여 구김 없는
하얀 집을 지어 단숨에
동해안 명소로 부상시켰으니...

한번
다녀간 이들의 마음 사로잡아
사철 발길 끊이지 않는
알뜰살뜰 꿈의 집, 하얀 STAY-G
파도와 바람과 어우러져
너울거리는 집
그 집 STAY-G 풀 빌라를
5년간 경영했으니
이제 그만 한단다

아 그리운 그 집을...
나라 제일의 시낭송 전문가인
시인의 다른 이름은 포에라마
시의 낭송과 드라마틱한 연출 의미하는
아호를 지닌 포에라마는
시 낭송을 아름다운 종합예술로 격상시켜
뭇 청중을 감동으로 매료시키는
시인이 지은 하얀 집 STAY-G여!
동해 끝없는 푸르름과 청정한 바람과
아름다운 파도와 함께 영원할
잊지 못할 하얀 집, STAY-G여!

(2020. 7. 31.)

작곡계의 큰 별 지다
이안삼 선생을 추모하며

우리가 슬퍼함은
함께
전국을 누비며
예술가곡 연주회를 다니던
정다운 벗을 잃었음이고

금세기
가장 예술혼 넘치는
가곡을 작곡해
국민의 영혼을 설레게 하며
다독이던
국민 작곡가를 잃었음이라

성악가는 물론
성악 애호가들의
넘치는 존경과 찬사 받기를
마다하고
하늘나라로
홀로 떠나버린
이안삼 선생이여

당신을 사랑하고
당신의 그 활달하고 멋진 모습을
가슴에 지닌
수많은 애호가들
당신의 주옥같은
가곡을 아끼고 사랑하던
이들을 뒤로하고
당신은 기어이 떠나야만 했나요?

그리 쾌유를 기원하며
당신을 흠모하는 수많은 이들의
애끓는 기도를 뒤로하고
그리 훌훌히 떠나야만 했나요?

넘쳐나는 영감으로
오묘한 예술혼을 실어
350여 곡의 한국 리트인
빛나는 예술가곡을 창조해 낸 그대
그 고귀한 당신의 분신
음악만 남겨놓고
어이 홀로 떠나셨나요?

혈혈단신
상경하여
불철주야 창작과
가곡의 진흥을 위해
이리 뛰고 저리 내달리며
진정 국민에게
음악 예술의 크고 아름다운
선물을 선사하던 당신
당신은
척박한 이 나라의 작곡계의
진정 큰 별이었습니다

아름답고 빼어난
예술가곡을 창조하여
온 국민이 애창하고
기뻐 듣고 연주하여
가슴가슴에 지닐
꺼지지 않을 유산을 남겨 준 그대여

이안삼 작곡가
우리 모두의 벗이요 스승이며 선각자인 그대
이제 하늘의 큰 별이 되어
당신을 그리워하는 이들에게
밝게 비춰 주소서
그윽한 예술에 목말라 하는 이들의
이정표 되어
영롱하게 비춰주는
샛별이 되소서
빛과 사랑이 넘치는
천국에서 영생을 누리소서

(2020년 8. 18. 이안삼 작곡가를 하늘나라에 보내며)

강낭콩을 까며

아끼는 벗이
주말마다 시골에 가서
농사지어 거둔
채소와 농작물을 보내주곤 한다

엊그제엔
강낭콩을 따서 건네주었다
식탁에 앉아 콩을 깐다
껍질 벗긴 강낭콩알 무늬가 엇비슷하다
그러나 자세히 살피니
비슷한 무늬가 다 다르다
오묘한 하늘의 섭리
새삼스럽다

이 강낭콩을 넣고
아내가 지은 저녁 밥상은 별미
이 맛있는 작물을 여름 내내
정성껏 키워 보내 준
벗의 은혜
어찌 감사할까

(2020년 10월 26일)

목음木音

내 벗은
목재 가구 장인이다

그 작품은 쓰임새, 모양새에
군더더기 없는 품위 그윽하다

창작하는 쓰임새 맞게
나무의 소리 목음 듣고 고른다

가구마다 재목이 다르다
나무도 생명의 개성 지녀
저마다 특유의 목음이 있는데
그는 조용히 귀 기울여
목음을 경청하고
목재를 골라 가구를 빚는다

나무마다의 목소리를 경청하는
예인藝人 내 벗
윤형로 교수의 혜안慧眼이여!

(2021년 2월 8일)

서재

남동향 대여섯 평, 내 서재
14년 전 어느 봄날 정년 후
연세 교정 연구실 떠나
돌아온 내 작은 서재

대학 떠나올 때 장서가 넘쳐
국립도서관에 통째로 넘기고
빈손으로 돌아온 서재에
세월이 흘러 십 수 년
알뜰히 읽고 모은 이천여 권 시집들

담양 애제자 관장이 일하는
미암박물관에 미련 없이 실어 보냈네
텅 비어 정리된 서재에
홀로 앉아 여유로운 이즈음
출가한 딸 그리움처럼 스며오는
아련한 미련일랑 버리고
고즈넉이 여년을 지내네

(2021년 3월 초순, 새 봄을 맞으며)

서재

남동향 대여섯 평 내 서재
14년 전 어느 봄날 정년 후
연세 교정 연구실 떠나
돌아온 내 작은 서재

대학 떠나올 때 장서가 넘쳐
국립도서관에 통째로 넘기고
빈손으로 돌아온 서재에
세월이 흘러 십 수 년
알뜰히 읽고 모은 이천여 권 시집들

담양 애제자 관장이 일하는
미암박물관에 미련 없이 실어 보냈네
텅 비어 정리된 서재에
홀로 앉아 여유로운 이즈음
출가한 딸 그리움처럼 스며오는
아련한 미련일랑 버리고
고즈넉이 여년을 지내네

우강 시
일속 서

그리운 소금素琴 선생님

한 주일 지나면
다음 주를 고대하는 것은
주님 뵙는 기쁨의 기다림

이 떠들썩한 시대에도
온전한 선비 모습으로
의젓하신 소금素琴 유동식 박사님을
기다리는 기쁨 또한 있으므로

예배 마치면
백세 넘으신 선생님 기다리는
'유사모' 교우들
약속도 없으련만
미소 띈 채 모여
선생님 뫼시고 단출한 음식점행

소금님은 언제나 말씀이 귀하다
주로 우리들이 이런저런 얘기로
한 주일 간격을 메우며 오찬 끝내면
약속한 듯 카페로 옮겨간다

두 세 시간 담소가 이어지고
간간이 선생님의 조용조용한 말씀
우리를 경청케 한다
무리 없는 단아하고 정결한 말씀엔
철학과 지혜, 예술과 풍류가 흐른다

그러노라면 시간은 훌쩍 지나고
교우 한 분이 선생님을 모셔다 드리고
우린 제각기 흩어지며
말 없이 다음 주를 기약한다

아 그러나
코로나 팬데믹의 절벽은
선생님 찾아뵙는 일도
만나는 일도 차단했다

게다가 선생님이 계단에서 넘어지시고
입원하신 동안 병문안도 못하다가
아드님이 천안의 병원으로 모셔갔다
식사도 못 넘겨 호스로 넘기시니
그곳에 우리가 함께 뵈오려 하지만
그 또한 불가하고
의식은 명징한데 말씀도 못 하시고...

그렇게 선생님과 나뉘인지
두 세 달이 훌쩍 지나고
한가위도 지난 어느 날
'유사모'님들이라도 모여
선생님 만날 기약도 없는 채
만났는데 선생님 자리는 비어 있고
선생님 그리움으로 가득한
오늘 모임은 그리움과
슬쓸함만 감돈다

(2022년 9월 12일, 결국 우리는 다시 선생님을 못 뵙고,
10월 17일 하늘나라로 보냈다)

05
주의 은혜와 내리사랑

이빨 요정

어제
열 살 손녀 세아는
제가 위송곳니를 빼어
책상 서가 위에 놓아 두었다

학교 가려
아침 일찍 일어나 보니
이빨 놓았던 자리에
용돈이 놓여 있었다

오늘도
위송곳니 하나를 마저 뺐다
이 둘을 하루 걸러 뺐는데
하룻밤 자고 나니
이 놓였던 자리에
축하하는 돈이 또 놓여 있는게 아닌가

이를 뺀 줄 어찌 알고
이빨 요정이
두 번이나 와서
기쁘게 선물을 하고 갔을까

아무 말 없이
저 만큼 서 있는
엄마의 미소가 곱다

(2019년 섣달 성탄의 계절에 어바인 손녀 세아네에서)

극통極痛 그리고, 주 예수

어찌 살아가다 탈장 되었다
병원에 입원하여
한 시간 반이나 수술 받았다

하반신 마취하여
처음엔 통증이 그렇게 심하진 않았다
그러더니 시간이 지나면서
창자가 끊어지는 극통이 밀려온다
왼편 서혜부 생살을 째니
그러려니 이를 악물고 참노라니
온몸에 진땀이 흐르고 눈물이 쏟아지며
살을 에이는 통증이 멈추질 않는다

순간
예수님의 모습이 떠오른다
마취는커녕 가시 면류관을 쓰고
사지를 십자가에 못 박혀
피투성이 되신 주님
옆구리를 창에 찔리어
형언키 어려운 극통을 감내하고
돌아가신 예수님의 모습 선연하여
내 온몸은 눈물 뒤범벅되면서
참지 못할 고통이 사라진다

수술 끝난 후 집도의에게 물었다
어째서 그렇게 아플 수가 있느냐고

삼년 전 전립선 암수술을 받았는데
그 수술 자국을 끊고 긁어내느라
시간이 많이 걸렸고 통증이 크게
수반되었을 거라고

왜 그런 극통을 아프다고
소리 지르지 않았느냐고 되묻는다
수술 도중이라도 진통제 주사하면
아픔을 줄여 줄 수 있었다고

죽을 힘을 다해 인내하며
그 고통 견뎌내다가
우리 주님 뵈올 수 있었으니
창자가 끊어지는 통증은
예수님 만날 축복의 기회였으니...

(2021년 11월 26일 오후에, 대항병원에서)

연세동산을 서성이며

그날
입학원서 받으러 온 날
거침없이 불어오던 매서운 겨울 바람
1961년 1월
혹한을 가슴에 안으며
연세동산에 발 디딘 후
어언 61년을 맞는다

내 80여 년 생애에
60여 년을 이 동산을 맴돌며
지내온 나의 삶

오늘도 청송대 지나
연세의 혼 서린
언더우드관을 비껴 걸으며
길게 뻗은 백양로를 바라본다

세월은 흘러
봄의 서기 어린
1991년 3월
모교 전임교수로의 부임은
하나님의 크신 은혜였고

정년 전
늦은 밤에도 연구실 지키고
모교의 부름 받아
16년간 봉사했던
내 영원한 꿈과 삶의 별자리
연세동산

연세인으로 불러주신 주의 은혜
가슴에 지니고

여기서
공부하고 연구하고 가르친
세월을 감사하고 기쁨에 젖어
오늘도
백양로를 하염없이 걷고 있네

(2022년 1월, 모교 연세동산을 62년 째 거닐며...)

깊은 마을 예수의 교회

아름다운 5월 하순 김용록 장로 부부와 서울에서 새벽길 떠나
깊은 마을 심동엔 아홉 시 도착
굽이진 시골길 여러번 돌아 도착한 심동은
서북과 북쪽이 300여 미터 쯤의 야산으로 푹 싸인 심심산골
마을 초입에 교회는 고즈넉이 우아하게 서서 우릴 반겨준다

충청의 남도 그 끝머리에 황해를 옆에 끼고 서천의 북쪽에
터 잡은 판교면 깊은 마을 깊은마을교회 앞에 서니
예수님께서 손수 문 열고 나오시는 환상 서려온다

김씨 문중이 터 잡은 이 마을에서 태어나 큰 뜻 품고 상경하여
자수성가한 김장로 선친은 하나님 사랑의 품과 애향심 불타는
큰 뜻으로 53년 전에 세운 하나님의 집 성스럽고 아름다워라

벌써 교회에 도착한 목사의 따뜻한 인사와 안내로 예배 처소에
들어가니 정갈한 50여 석 자리엔 열 대여섯 교우가 반겨준다

오붓한 예배는 아름다운 피아노 반주로
찬송과 기도가 이어지고 목사의 간결하고
깊은 믿음 우러난 설교 말씀에 성도들은
하늘의 만나를 만난 듯 감동으로 말씀을 받는다

삼위일체 하나님을 가슴과 가슴으로 전해 받는
교우들의 빛나는 얼굴 얼굴로
은혜가 넘치는 심동 예배당의 경건한 모습은
마치 갈릴리 호숫가에서 예수님과 함께 기도하던
초대교회 제자들의 그것인 양 성스러움 넘친다

(2022년 5월 22일, 심동교회 예배)

칠월 폭염 한밤의 바람결

교회에 다녀오는 길
온몸이 땀으로 흠뻑 젖은 폭염
귀가한 작은 집
창이란 창 모두 열어젖혀 놓아도
무더위 기승을 부리는 칠월의 무더위

먹는 둥 마는 둥 저녁을 때우고
옷 벗어 제치고 더위 잊어볼까
책도 읽고 음악도 듣는 동안
어영부영 늦은 밤을 맞는다

새벽 두어시 경
한여름 한밤
어느 순간
천사의 손길 같은
서늘한 바람결이 온 몸에 스민다
언제 무더위가 기승을 부렸나 싶게
더위는 가고 가슴 속까지 서늘해진
예가 땅 위인가 하늘나라인가

(2022년 7월 10일 여름밤에)

동행

생명을 얻는다는 건
기적이며 축복

그 생을 유지한다는 건
은혜이며 행복

건강함으로 생을 산다는 건
지상에서 얻을 수 있는 제일의 선물

오 그러나 어찌 그 복락을 누리리요
때론 작은 병 때론 큰 병 얻어
동행하며 살아내야 하는 것을

이왕 그러하니
마음과 육체의 병고와 나란히
동행하며 오순도순 사는 게
지혜이려니...

삶이 이우는 날까지
함께 살아온 병마와
영원의 하늘에 이르는 동반자이니

(2022년 7월 하순)

동 행

생명을 얻는다는 건
기적이며 축복

그 생을 유지한다는 건
은혜이며 행복

건강함으로 생을 산다는 건
지상에서 얻을 수 있는 제일의 선물

오 그러나 어찌 그 복락을 누리리요
때론 작은 병 때론 큰병 얻어
동행하며 살아내야 하는 것을

이왕 그러하니
마음과 육체의 병고와 나란히
동행하며 오순도순 사는 게
지혜이려니...

삶이 이우는 날까지
함께 살아온 병마와
영원의 하늘에 이르는 동반자이니

우강 시
일속 서

변화

청순하되 거침 없는
청년의 때엔
나의 심장은 정열에 끓어
가슴은 심홍의 붉은 피로
휩싸였으리라

장년의
할 일 넘치되 사려 깊은 시절
넓은 가슴에 흐른 혈색은
붉되 너그러움으로 유유한 색조

노을 깃든 여년의 가슴에 담긴
그건
어지간히는 붉고
어지간히는 분홍으로 섞여
가을 짙어가는 낙조의 빛깔

차가운 추풍 불어와
만산홍엽의
장려한 채색의 심장이리라

(2022년 9월 가을에)

변화

청순하되 거침 없는
청년의 때엔
나의 심장은 정열에 끓어
가슴은 심홍의 붉은 피로
휩싸였으리라

장년의
할 일 넘치되 사려 깊은 시절
넓은 가슴에 흐른 혈색은
붉되 너그러움으로 유유한 색조

노을 깃든 여년의 가슴에 담긴
그건
어지간히는 붉고
어지간히는 분홍으로 섞여
가을 짙어가는 낙조의 빛깔

차가운 추풍 불어와
만산홍엽의
장려한 채색의 심장이리라

우강 시
일속 서

풀러턴Hullerton의 파아란 하늘 파란 마음

아침 창문을 여니
끝없이 맑고 파아란 하늘이
9월 하순 서늘한 바람 한결과
방안을 가득 메운다

열 시간도 넘게
비행하여 태평양 건너오느라
심신이 지친데다
긴 시간 맑은 공기는커녕
수백 명이 득시글거린 탓에
서울에서도 걸린 일 없던 코로나에
우리 부부는 감염

3년여 코로나 팬데믹으로
살뜰히도 보고싶던 손자 손녀
만난 기쁨 제대로 나누지도 못한 채
2층 방에 격리된 신세

참 세상이 이렇게 얄궂은지
문 밖에서
"할머니 할아버지 안녕"
크고 밝은 소리로 인사하곤
학교에 가는 서일과 세아
그 사랑 담긴 목소리만 들어도

순간
세상이 환하게 빛난다

애들 학교에 데려가고 데려오랴
어미 아비 온갖 것 챙기랴
정신 없는 딸애 모습은
차라리 파란 마음
깊은 창공의 푸르름처럼
파아란 효심이다

때 맞춰 정갈하게 차려오는
밥상엔 사랑 그윽하고
게다가 후식도 빛이 곱다
딸애의 사랑이 풀러턴의 파아란
하늘처럼 파란 사랑으로 다가온다

(2022년 9월 25일)

저녁 상

미국에서 태어나
온 가족의 기쁨의 샘이던
외손녀 세아가
6학년의 소녀로 훌쩍 컸다

할미 할애비가
그애가 살고 있는 캘리포니아
오렌지 카운티의 풀러턴을 방문해
코로나 팬데믹으로 길이 막혀
만날 수 없었던 3년여 만에
기쁘게 만난 해우

두 노인이 비행기 타고 오며
코로나에 감염되어
할머니는 입원하고
에미가 그 뒷바라지로 여념 없자
제 동생과 할아버지를 위해
계란을 부치고 빵을 데워
저녁 상을 차려 내놓는다

세월은 지나고
귀여운 손녀는 어느덧 자라
할애비 저녁상을 차려다 주니
이미 기쁨과 대견함에
가슴 벅차
배가 부르구나

(2022년 9월 29일 저녁)

저녁 상

미국에서 태어나
온 가족의 기쁨의 샘이던
외손녀 세아가
6학년의 소녀로 훌쩍 컸다

할미 할애비가
그애가 살고 있는 캘리포니아
오렌지 카운티의 플러턴을 방문해
코로나 팬데믹으로 길이 막혀
만날 수 없었던 3년여 만에
기쁘게 만난 해후

두 노인이 비행기 타고 오며
코로나에 감염되어
할머니는 입원하고
에미가 그 뒷바라지로 여념 없자
제 동생과 할아버지를 위해
계란을 부치고 빵을 데워
저녁 상을 차려 내놓는다

세월은 지나고
귀여운 손녀는 어느덧 자라
할애비 저녁상을 차려다 주니
이미 기쁨과 대견함에
가슴 벅차
배가 부르구나

우강 시
일속 서

사이프러스 포인트 공원

시월의 이곳 풀러턴은
아침 저녁은 시원한 가을
그러나 한낮은 여름

외손자 서일이가 유치원에서 오면
“할아버지 놀이터 가자”고 외친다
둘이서 손잡고 공원을 걷노라면
그놈이
“할아버지 준비 땅”하며
뜀박질 시합을 하잔다
뛰는 척하며 뒤따르는 나를
저만큼 앞서 간 그 녀석은
“내가 이겼다 할아버지” 외치며
좋아라 깔깔댄다

푸르고 넓은 잔디밭엔
주변에 여러 꽃과 나무가 서있다
사이프러스, 유클리트, 야자수, 소나무, 플라타너스, 선인장
하늘 향해 죽죽 뻗어
큰 키 자랑하며
공원 주변과 주택가엔
온갖 꽃들로 만발해 있다
붉은 색 뽐내는 부겐베리아도
그 화려함을 뽐내고
색색의 이름 모를 꽃들이
방긋거린다

매일 일과처럼
손자 손 잡고 걷고 즐기는
이 동네 넓은 공원이
언제나 기쁨으로 맞아주니
새로운 이웃으로 정겹다

(2022년 시월 초)

시월의 정서

소슬바람 솔솔 불어오고
쓸쓸한 인생의 여기저기를 스쳐가며
그렇게 시월은 흘러든다
한낮은 청명하고
한밤은 짙은 푸르름 깔려
별들은 왜 그리 외롭게 총총한지

산하엔 붉은 단풍
가슴을 서늘하게 물들여 오고
삶의 외로움을 일깨우며...

시월은 은은하게 우리를 둘러싸
외롭고 차분하게 우리를 적시고
인생의 여정을 비애로 휩싼다
시월은...

(2022년 10월 11일)

시월의 정서

소슬바람 솔솔 불어오고
쓸쓸한 인생의 여기저기를 스치가며
그렇게 시월은 흘러든다
한낮은 청명하고
한밤은 짙은 푸르름 깔려
별들은 왜 그리 외롭게 총총한지

산하엔 붉은 단풍
가슴을 서늘하게 물들여 오고
삶의 외로움을 일깨우며…

시월은 은은하게 우리를 둘러싸
외롭고 차분하게 우리를 적시고
인생의 여정을 비애로 휩싼다
시월은…

우강 시
일속 서

시월 보름 개기월식

나는 태어남부터
달의 사람이다

하늘과 부모의 은혜로
태어난 날이
음력 시월 보름

80평생 그날은 언제나
밝고도 아름다운 보름밤이었다

오늘 여든 한 살 생일은
몇 백 년만에 다시 만난
개기월식이다
세시간여 지구의 본 그림자에 가려
부분월식으로
개기월식으로
보름달은 가뭇없다

오늘은 천왕성 엄폐까지 시작되었고
밤 여덟 시 사십일 분엔
개기식이 끝나
다시 부분식까지 종료되며
아홉 시 오십칠 분 경에는
월식 전 과정이 끝나
시월 상달 보름달이
하늘 높이
밝고도 맑게 드러났다

아 내 여든한 살의
생일에 이르른 것이다

개기 월식의 어두움과
하늘의 조화로
찬란한 보름달로 떠오른
영광과 환희의 우주를
연출해준 이 날
어찌 하늘의 축복이 아니랴
짐짓 잠들었다가
새벽이 되어
다시 창문을 여니

개기월식을 연출했던
보름달은 붉은 색으로 단장한 채
더없이 맑고 청명히
서녘 하늘에 둥싯 떠있는
아름답고 고귀한 전설이며
축복이다

(2022년 11월 8일, 음력 10월 15일 보름밤에 81세 생일을 맞으며...)

평설

미소 지은 채 저만큼 지나가는 여운 한 자락
한상완의 시세계

우강의 시세계로 들어가는 다섯 빛깔의 통로

미소 지은 채 저만큼 지나가는 여운 한 자락

- 한상완의 시세계

유 성 호

(문학평론가, 한양대학교 인문대학장)

1. 시인 스스로 쌓아올리는 원숙한 인생론

우강友江 한상완韓相完 시인의 다섯 번째 시집 『여운餘韻』(연세대학교 대학출판문화원, 2023)은 노경老境을 맞은 우리 시대의 원로 지성인이자 시인이 들려주는 잔잔하고 근원적인 마음의 화첩畫帖이다. 이제 등단 15년차를 맞는 그는 "한 편의 시를 써도 참으로 깊이 있고 아름다우며/가슴을 흔드는 시를 쓰는 시인"(「시인의 말」)으로 나아가면서, 우리로 하여금 그 깊은 고백과 증언의 세계로 침잠하게끔 해준다. 아닌 게 아니라 그의 낱낱 시편들은 서정시가 일차적으로 시인 스스로를 고백하고 성찰하는 자기 인식의 속성을 강하게 띠는 양식이라는 사실을 선명하게 일러준다. 이러한 서정시의 자기 탐구적 성격은 이미 잘 알려진 것이지만, 특별히 한상완의 시에서 그러한 지향은 수많은 시공간을 끝없이 에돌아 궁극적으로 자신으로 귀환하려는 의지를 함축한다는 점에서 각별하다 할 것이다. 이때 필연적으로 수반되는 것이 시인 스스로 쌓아올리는 원숙한 인생론의 가치와 의미일 것이다.

물론 한상완의 시가 단순한 자기 몰입의 몽환에 그쳤다면, 우리는 그의 시를 통해 한 자연인의 경험은 관찰할 수 있었겠지만 서정시의 새로운 미학을 느끼지는 못했을 것이다. 그러나 그의 시는 서정시가 철저하게 개인적 경험으로부터 발원했을지라도, 그것이 세상을 개진하려는 열망으로 승화됨으로써 순수 원형을 회복하고 새로운 존재론을 지향하는 언어임을 훤칠하게 보여주고 있다. 시인 스스로 오랫동안 마음에 새겨온 삶의 근원적 문양紋樣을 기억하고 성찰하는 방법론을 아름답게 구현한 것이다. 그렇게 그의 마음에 왔다가 사라져간 순간들은 이제 우리 모두의 기억으로 남아 삶을 때로 이끌어가고 때로 충격하면서 흘러갈 것이다. 그 안에는 오랫동안 몸에 묻어두었을 경험적 진실과 풍경이 녹아 있고, 시인이 간절하게 희원해온 것들도 담겨 있기 때문일 것이다. 이제 그 세계 안으로 들어가 그의 언어와 함께 나란히 걸어보기로 하자.

2. 아름다움의 순간성과 그리움의 영원성

강조하였듯이, 서정시는 일인칭 문학으로서 시인 자신의 남다른 자기 확인 과정을 함축적으로 담고 있다. 그 안에서 시인과 사물 사이의 불화나 균열은 거의 발견되지 않는다. 시인은 삶의 아름다움을 발견하는 근원적 힘을 통해 천진성의 감각에서 오는 새로운 과정을 줄곧 노래해간다. 언어의 심연 속에서 사람과 사물이 공명해가는 미적 파동을 담아내면서 시인은 아름다운 서정시의 근원적 자양을 하염없이 길어내고 있다. 물론 그 아름다움은 순간성의 미학에 의해 생성되고 번져가는 것이다. 말하자면 시인은 모든 사물이 일정한 시공간에 존재하다가 물리적 유한성으로 말미암아 사라져가고, 그 어떤 현상도 순간적으로 존재했던 것에 지나지 않음을 증언하고 있다. 그러니 그 사라져간 것들에 대한 그리움의 에너지가 뭇 사물이나 현상에서 아름다움의 순간성을 발견하게끔 해주는 원형이 되는 셈이다. 이러한 아름다움과 그리움의 형식이야말로 한상완 시의 제1원리일 것이다. 다음 작품을 먼저 읽어보자.

어젯밤
초사흘 초승달
유난히 초롱이더니

아침 뜰에
하얗게 피어난 치자꽃
두 송이

어쩌면 그 고아한 하얀 모습
그렇게도 짙은 향 지녔느니
여름밤 초사흘
초승달 맞으려 피어난 치자꽃
아름다운 맵시여
고고한 자태여
(2021년 7월 1일, 음력 초사흘)

—「초승달 치자꽃」 전문

이 작품은 지극한 자연의 아름다움을 발견해가는 시인의 감각을 잘 보여준다. 음력 초사흘 여름밤에 '초승달'과 '치자꽃'의 앙상블을 소묘한 이 단아한 시편은 유난히 초롱하게 빛을 뿌리던 "초사흘 초승달"과 아침 뜰에 하얗게 핀 "치자꽃/두 송이"가 서로 연관성을 가지면서 존재한다고 상상해본 결실이다. 가령 치자꽃의 "고아한 하얀 모습"이나 "짙은 향"은 여름 밤 초사흘 초승달을 맞으려 피어난 결과였다는 것이다. 치자꽃의 "아름다운 맵시"와 "고고한 자태"를 비추는 초승달의 가녀린 빛 역시 이 시편의 아스라한 심미성을 북돋우고 있다. 시인은 모든 사물에서 "어떤 선율 울려/가슴에 흘려내고 있는지"(「자클린의 눈물」)를 관찰하고 나아가 "대자연의 한 지체로/시공의 벽을 넘어"(「세평 하늘길을 걷다」) 존재하는 사물들의 아름다움을 노래한다. 이처럼 시인은 가장 아름다운 사물들을 포착하고 그것을 선연한 이미지로 형상화함으로써 미학적 순간성을 부조해가는 명인名人으로 거듭나고 있다. 다음은 어떠한가.

사랑은
가슴에 찍힌 그리움 하나
그리움이 온 마음을 흔들고

사랑은
마음에 일렁이는 불꽃 하나
불꽃이 온몸을 태우며

사랑은
외곬로 달려가는 의지 하나
그 뜻 멈출 수가 없으니

사랑은
그대를 온전히 받아들이는 정 하나
샘솟아 흐르는 정이어라

—「사랑은」 전문

이 아름다운 시편은 이재석 선생 작곡의 가곡으로 세상에 나와 있다. 사랑의 속성을 경험적으로 관찰하고 파악한 작품으로서 사랑을 일러 '그리움/불꽃/의지/정'으로 비유하고 있다. 노래로 부를 때 더 애절하게 들릴 듯하다. 시인은 가슴에 찍힌 "그리움 하나"가 온 마음을 흔들면서 자신의 시쓰기를 가능하게 해준 원질原質이라고 유추한다. 마음에 일렁이는 "불꽃 하나" 역시 온몸을 태우며 2인칭을 향한 열정을 수반하게 될 것이다. 그렇게 "외곬로 달려가는 의지 하나"는 멈출 수 없는 에너지로 몸을 바꾸면서 그대를 온전히 받아들이는 "샘솟아 흐르는 정"으로 천천히 확산되어간다. 이렇듯 사랑의 힘은 '시인 한상완'을 가능하게 해준 가장 원형적인 힘이자 빛이었을 것이다. "사랑이 편만하여/울림의 감동이 넘실대는"(「우면산 기슭」) 세상을 갈망하면서 시인은 "영원과 닿은 깊은 사랑"(「다시 태평양 해변에서」)을 혼신을 다해 노래하고 있는 것이다.

요컨대 한상완의 시는 서정의 중심 줄기라고 할 수 있는 '시간'에 대한 애잔하고 강렬한 기억에서 한결같이 발원하고 있다. 무릇 서정시는 시간에 대한 독자적 기억의 형식으로 씌어지게 마련이고 기억의 재구성이라는 독특한 양식적 특성을 지니게 된다. 한상완의 시는 이러한 원리를 구현하면서 기억의 형식을 통한 존재 성찰의 과정을 아름답게 보여준다. 물론 이러한 특성은 오랜 시간 축적해온 시인의 안목을 말해주는 유력한 표지標識라고 할 수 있을 것이다. 특별히 한상완 시인의 원체험으로 나타나는 아름다움은 불가피한 순간성으로 나타나고, 그리움은 불가능한 영원성으로 드러난다는 점은 매우 시사적이다. 그럼으로써 그는 우리의 기원起源과 궁극을 동시에 암시해준다. 이때 우리는 시인의 서정적 무늬를 따라 지난 시간에 대한 물리적 복원에 흔연하게 동참하게 되는 것이다.

3. 나날의 감동을 통해 타자를 발견하는 사랑의 힘

그런가 하면 한상완 시인은 삶의 연륜에서 빚어지는 타자 발견의 과정을 집중적으로 노래한다. 그 안에는 나날의 삶에 대한 새로운 감동의 순간이 깊이 무르녹아 있다. 두루 알다시피 감동이란 인간과 세계를 원초적으로 이어주는 고리 역할을 하는 정서적 결과이다. 그것은 이성적 사유를 위한 계기를 제공하고, 실천적 삶에 대한 자극을 주고, 시인 자신의 순수하고 원형적인 모습을 상상케 함으로써 삶의 지표指標가 되어준다. 시인이 작품을 통해 우리에게 선사하는 감동은 이러한 구체적, 감각적, 미학적 순간을 부여하면서 그 바탕에 어떤 순간에 대한 애착의 과정을 산뜻하게 얹어준다. 결국 시인은 삶의 순간순간을 지탱하는 정서적 운동의 결과로서 나날의 감동을 선택한다. 그것은 시인 스스로의 실존적 조건을 힘겹고도 아름답게 유지해가는 원리로 각인되어가는데, 그 핵심에는 시인 자신의 삶을 의식의 힘으로 통합하여 성찰하려는 지향이 농울치고 있다. 우리는 이제 낱낱 순간들이 품은 비의秘義를 발견하고 형상화하는 시인의 역량에 가없는 믿음을 보낼 수 있을 것이다.

내 벗은
목재가구 장인이다

그 작품은 쓰임새, 모양새에
군더더기 없는 품위 그윽하다

창작하는 쓰임새 맞게
나무의 소리 목음 듣고 고른다

가구마다 재목이 다르다
나무도 생명의 개성 지녀
저마다 특유의 목음이 있는데
그는 조용히 귀 기울여
목음을 경청하고
목재를 골라 가구를 빚는다

나무마다의 목소리를 경청하는
예인藝人 내 벗
윤형로 교수의 혜안慧眼이여!
(2021년 2월 8일)

—「목음木音」 전문

이 작품은 시인의 오랜 벗이기도 한 "목재가구 장인" 윤형로 교수에 관한 이야기를 담고 있다. 물론 그 장인匠人은 어느새 동심원을 그리면서 그 의미가 천천히 확장되어간다. 마치 시인이 써가는 '시(詩)'처럼 장인의 가구들은 쓰임새와 모양새에 전혀 군더더기가 없이 그윽한 품위를 견지하고 있다. 장인은 언제나 "나무의 소리 " 곧 '목음'을 듣고 목재를 고르는데, 나무들도 "제각기 어디론가 돌아가는/섬"(「서울역」)처럼 전혀 다른 소리를 지니고 있기 때문이다. 또한 그것은 나무마다 지닌 "특유의 목음"에 귀 기울여 경청하고 적절한 목재를 분별하는 힘을 그가 견지하고 있기 때문이다. "나무마다의 목소리"를 알아보는 예인藝人의 혜안은 소리꾼이 가닿는 득음得音이나, 신앙인이 듣게 되는 계시啓示의 차원이나, 시인이 써가는 문향文香을 고스란히 닮았다. 아름다운 목음木音이 이렇게 예술적, 종교적 파문을 그리며 번져가고 있다. 어쩌면 윤형로 교수의 이러한 예인으로서의 삶 위로 '시인 한상완'의 "세월의 강과 함께/흐르고 흘러/저 백발에 이르른/자화상"(「어두운 밤 유리창에 비친 백발」)이 어른거리고 있는지도 모를 일이다.

이처럼 한상완 시인은 고전적 착상과 화법에 의해 원천적으로 시를 써간다. 이러한 원리를 근원적으로 추인하면서도 그는 다양한 서정의 계기를 마련하고 있다. 사물의 외관을 충실히 묘사하면서도 거기에 삶의 태도를 덧입히고, 오랜 시간을 탐구하면서도 원초적 기원을 상상하고, 사물 안팎에 새겨진 시간의 흔적을 거스르는 방법을 통해 다양한 미학적 해석을 생산해낸다. 남다른 기억의 심도深度를 통해 존재론적 원형에 가까운 마음을 노래하고, 사랑의 회상 과정을 지속적으로 관철해간다. 물론 그 힘은 유한한 인생에 대한 것으로도 나타나지만, 불멸의 예술 그 자체를 향하기도 한다. 삶이 지속되는 한 남게 될 예술은 그의 영혼을 숭고하게 해주는 감동의 원천이기도 할 것이다. 그리고 그 힘은 어린 손녀를 바라보는 천진한 감각으로 이어져가기도 한다.

어제
열 살 손녀 세아는
제가 위송곳니를 빼어
책상 서가 위에 놓아 두었다

학교 가려
아침 일찍 일어나 보니
이빨 놓았던 자리에
용돈이 놓여 있었다

오늘도
위송곳니 하나를 마저 뺐다
이 둘을 하루 걸려 뺐는데
하룻밤 자고 나니
이 놓였던 자리에
축하하는 돈이 또 놓여 있는 게 아닌가

이를 뺀 줄 어찌 알고
이빨 요정이
두 번이나 와서
기쁘게 선물을 하고 갔을까

아무 말 없이
저만큼 서 있는
엄마의 미소가 곱다
(2019년 섣달 성탄의 계절에 어바인 손녀 세아네에서)

—「이빨 요정」 전문

시인은 미국 캘리포니아 어바인의 딸네를 방문하여 거기서 "열 살 손녀 세아"에 대한 관찰기를 남겼다. 세아는 어제 제 위송곳니를 빼어 책상 위에 놓아두었는데, 다음날 아침 일찍 학교 가려 일어나 보니 그 자리에 용돈이 놓여 있음을 발견한다. 그다음날도 위송곳니 하나를 마저 빼서 놓아두니까 다시 축하의 용돈이 또 놓여 있었다. 세아가 이를 뺀 줄 알고 선물을 주고 간 상상적 존재를 "이빨 요정"이라고 명명한 시인은 그 주인공이 "아무 말 없이/저만큼 서 있는/엄마"라는 걸 알려준다. 세아 엄마의 은은하고 고운 미소는, 아마도 저 30여 년 전 시인 부부가 딸이었던 '세아 엄마'에게 보낸 미소였을 것이다. 성탄의 계절에 어바인 손녀 세아네에서 경험한 아늑하고 아득한 크리스마스 선물 같은 시편이다. 이러한 따뜻한 사랑의 마음은 시인으로 하여금 비록 "절경으로 서 있는 비치 힐과/원초의 그리움 서린 파도/이곳에 머물고 있는 나그네"(「한치 절벽의 비치 힐」)일지라도, "가난하고 이상은 드높았던 그때/연모하던 내 그린내에게/나를 울렸던 이름 미미를/별명으로 삼아 불렀던 먼 기억"(「미미란 별명」)을 떠올려주고 나아가서는 "어지간히는 붉고/어지간히는 분홍으로 섞여/가을 짙어가는 낙조의 빛깔"(「변화」)까지 풍요롭게 경험하게끔 해주고 있다.

우리는 한 편의 서정시를 통해 현실에서는 불가능한 순간적 존재 전환을 꿈꾼다. 그때 우리는 일상을 벗어나 전혀 다른 시공간으로의 상상적 이동을 꾀하게 된다. 그 낯선 시공간에서 이루어지는 경험은, 뭇 사물에게로 원심적 확장을 이루었다가 다시 자기 자신으로 귀환하는 구심적 과정을 밟아간다. 그 가운데 가장 일반적인 방법이 그리움이라는 정서를 통해 가닿는 꿈의 세계일 것이다. 이처럼 다양한 음색과 문양으로 서정시의 심층을 여러 차원에서 보여준 한상완 시인은 자신의 시쓰기가 불가피한 존재론적 사건이자 작업임을 끊임없이 고백해간다. 이는 양도할 수 없는 자신의 고유한 삶의 방식이고, 자신이 살아온 오랜 세월에 대한 애착이기도 할 것이다. 그동안 쌓아온 그의 성취는 이렇게 현실과 꿈 사이에서, 기원과 현재형 사이에서, 자신을 가능케 했던 사랑의 힘을 거듭 확인하게끔 했을 것이다. 나날의 감동을 통한 타자 발견의 과정이 그러한 사랑의 발견을 거들고 있음은 말할 것도 없을 것이다.

4. 영혼의 순수 본향과 시간의 여운

앞에서도 말했듯이, 이번 시집은 시간에 대한 경험과 기억의 재구성이라는 서정시 특유의 양식적 특성을 일관되게 내보인 성과이다. 한상완의 시는 기억의 다양한 양상을 취택하면서 그 원리를 따라 삶의 근원에 대한 상상적 경험을 치러낸다. 그리고 그의 시는 그리움과 따듯함을 주조로 하는 위안의 언어를 통해 기억의 원리를 수행해나가는 특성을 지니면서, 기억과 의탁을 통한 깊은 성찰의 시간을 우리에게 허락한다. 그 가운데서 우리는 자신의 존재론적 기원으로 끊임없이 회귀하려는 시인의 강한 열의와 만나게 된다. 근원적으로 말해 서정시의 본래적 기능은 이러한 깨달음과 감각의 갱신을 통해 사물의 의미와 본질을 발견하는 데 있을 것이다. 한상완 시인은 사물을 통해 중중한 발견의 과정을 보여주면서, 자신이 살아온 시간을 단순하게 미화하는 개인적 감각으로의 퇴행regression과는 전혀 다르게, 기억의 나르시스적 성격을 뛰어넘어, 그것을 새로운 존재론으로 끌어올리는 상상력을 생성해낸다. 고전적 애착과 낭만적 초월의 양면성이 이러한 스케일과 결합하는 순간이 다음 시편에서 나타나고 있다.

살아 있단 근거는 단지
님을 만나는 일
만나야만 한다는 것
그 초점 하나

바라볼 수 있기를
가슴 가득 담아 둘 수 있기를
한시라도 그리움 훼손하지 않기를
그렇게 오로지 밤 낮 지새우던
더도 덜도 아니던 그때

하루 이틀 사흘 나흘
열정 순수 삶의 모든 것
사랑으로만 엉켜 버무려지던
그때가
본향이 아닐까
(2019. 8. 7.)

—「본향」 전문

우리 모두는 육체의 '고향'과 영혼의 '본향'을 가지고 산다. 고향을 떠나 객지로 떠도는 이들과 본향을 떠나 지상의 나그네로 살아가는 이들은 구조적으로 닮았지만, 결정적으로 종교적 차원을 환기한다는 점에서 '본향'은 우리가 궁극적으로 돌아가야 할 존재론적 차원을 암시해준다. 한상완 시인은 우리가 살아가는 근거를 "님을 만나는 일"에 둔다. 누군가를 바라보고 만나고 가슴에 담아둘 수 있기를 열망하면서 한시라도 '그리움'이 훼손되지 않기를 소망하는 것에 중요성을 두는 것이다. 그렇게 하루 이틀 사흘 나흘 흘러가는 나날 속에서 시인은 "열정 순수 삶의 모든 것"을 사랑으로 버무리던 '그때'를 회상해본다. '그때'가 바로 우리가 돌아가야 할 '본향'이라고 그 무구無垢의 시간을 그리워한다. 그리고 또 하나의 '본향'은 "모교의 부름 받아/16년간 봉사했던/내 영원한 꿈과 삶의 별자리/연세 동산"(「연세 동산을 서성이며」)이기도 할 것이다. 그렇게 '본향'은 시인에게 "죽을힘을 다해 인내하며/그 고통 견뎌내다가"(「극통極痛 그리고 주 예수」) 궁극적으로 바라볼 존재 그 자체이기도 하고, "무정한 세월의 덧없음"(「공산성에서」)을 넘어 "겸손 상생으로 사랑의 길"(「파리 목숨 문명사회」)로 나아가는 필연적 종착지일 것이다. 그리고 끝내는 시인이 다다른 세월의 끝자락에서 삶의 여운처럼 천천히 다가오는 그 무엇일 터이다.

어느새 가을이 온다
한평생의 삶 그 여운이
꽃향의 흐름처럼
고요히 가슴에 밀려오고

깊은 우정으로
시대를 지내온 다정한 벗들도
이제는 조용히 여운으로 번져가고

젊디젊은 영혼 모두 바쳐
그걸로 끝이어도
회한은 없으리라던
사랑의 폭풍도
아 이젠 미소 지은 채
저만큼 지나가는 여운 한 자락

이 가을 이울면
북풍 한파도 밀려오겠지
그렇게 긴긴 여운 남기며
우리네 삶도 흘러가겠지…

—「여운餘韻」 전문

이번 시집의 표제작이기도 한 이 시편은 임긍수 선생이 작곡한 가곡으로 우리에게 남아 있다. 인생의 여운이 음악의 여운이 되어 우리의 귓가를 행복하게 울려준다. 어느새 다가온 가을은 마치 "한평생의 삶 그 여운"을 꽃향의 흐름처럼 고요히 흘려 보내준다. 가슴에 밀려온 꽃향처럼 우정의 벗들도 이제는 조용히 여운으로 번져간다. 젊은 영혼을 바친 폭풍의 사랑이라면 회한이 없으리라던 마음도 이제는 "미소 지은 채/저만큼 지나가는 여운 한 자락"이 되어 남았다. 가을이 이울고 북풍 한파가 밀려오면 긴긴 여운 남기며 흘러갈 "우리네 삶"도 궁극적 여운餘韻으로 각인 되어갈 것이다. 그렇게 시인은 "작은 집 한 채 지어/어언 반백년 세월 함께 흐르고 있는"(「우리 마을」) 이웃들처럼 그렇게 아름답게 흘러온 세월의 여운을 우리에게 보내주고 있다.

결국 한상완 시인은 경험적 구체성 속에서 삶의 보편적 이치를 깨달아가는 과정을 일관되게 노래해간다. 말할 것도 없이 그의 시 한 편 한 편에는 시인 자신의 고유한 경험은 물론 사물을 향한 한없는 매혹이 다채롭게 들어앉아 있다. 그만큼 그의 시는 자신의 경험과 사물에 대한 매혹을 함축적 언어로 담아내는 언어 양식으로 우뚝하다. 그리고 시인은 사물의 표면을 뚫고 들어가 삶의 심층적 이법理法을 찾아내고 표현함으로써 일종의 형이상학에 대한 지향을 보여주기도 한다. 인간 본래의 위의威儀랄까 존재 근거에 대한 성찰에서 유추되는 형이상학적 정체성을 한없는 따듯함으로 보여준다. 이처럼 근원적인 것을 탈환하는 상상력은 그의 시가 이미 쌓아온 기율이기도 하겠지만, 잊혀진 것들을 복원하려는 시인의 마음이 특별하게 영혼의 순수 본향과 시간의 여운을 아름답게 반영한 결과이기도 할 것이다.

5. 끝없이 이어져갈 근원적 존재 형식 탐구

한상완의 이번 시집은 서정시의 정화精華라고 할 수 있는 그리움의 미학을 담아낸 시편들로 가득 채워져 있다. 순연한 그리움의 마음을 핵심 원리로 삼고 있는 이 시편들은 사물을 통해 시인 자신의 마음을 발견하고, 다시 그 마음의 힘으로 사물을 응시하는 과정을 통해 이러한 성취를 얻어간다. 결국 한상완의 시는 기억 속에 인화된 사물에 대한 그리움을 기록해가는 과정에서 씌어진 결실인 셈이다. 그 과정은 세계를 더욱 넓고 깊게 받아들이려는 시인의 의지에 의해 구성되면서, 시인 스스로의 삶에 대한 반성적 사유와 절묘하게 균형을 이루는 방향으로 결속하게 된다.

나아가 이러한 원리는 때로 사물이나 현상이 스스로를 드러내는 방법으로 나타나기도 하고, 때로 시인과 대상의 관계가 나타나는 방법을 취하기도 한다. 그리고 그것은 절실한 기억 안에서 사물과 정서가 어울리는 순간을 끌어들이며 우리 삶에 필연적으로 개입하는 그리움의 순간을 환하게 보여주기도 한다. 이는 그의 시쓰기가 언어 생성을 통해 존재 생성을 이루어가는 과정임을 알려주는 것이다. 느리고도 오랜 에너지로 그러한 과정을 이루어가는 시인은, 한동안 어둑했지만 환하게 밝아오는 신생의 에너지로 이러한 충일한 풍경들을 미학적으로 담아간 것이다.

지금까지 천천히 한상완 시인의 다섯 번째 시집 『여운餘韻』을 통독해보았다. 그 안에는 일속一粟 오명섭 선생의 서예와 우재愚齋 윤중일 선생의 사진이 함께 어우러져 빛을 발하고 있다. 이분들의 우정이 시인의 만년晩年과 함께 걷고 있음도 아름답게 다가온다. 이렇듯 한상완 시인은 지나온 시간에 머물고 있던 사람들, 풍경들, 사물들을 천천히 불러내, 시간의 풍화를 전혀 타지 않은 채 남아 있는 자신의 기억을 그 안에 담아 보여준다. 우리 시대를 혹자는 절멸과 폐허의 시대라고 비유하지만, 시인은 오랜 시간의 기억을 순간적 함축 속에 재구성함으로써 이러한 절멸과 폐허의 시대를 견디게끔 해주는 언어의 사제(司祭)로 남아 있는 것이다. 연세대학교 부총장을 지냈고 도서관 관련 학계에서는 이미 전설이 된 그이지만, 이렇게 그는 '시인 한상완'으로 거듭나면서 깊고도 지속적인 치유와 긍정의 시쓰기를 이어가고 있다. 그리고 앞으로도 우리는 그가 수행해가는 근원적 존재 형식 탐구 작업이 끝없이 이어져갈 것을 오래도록 바라볼 것이다.

우강의 시세계로 들어가는 다섯 빛깔의 통로

설 성 경

(연세대 명예교수, 고전문학)

우강 한상완 박사는 참 시인이다. 그의 시인으로서의 역사는 10여 년 남짓이 아니다. 실은 소년기에 활동한 경력부터 헤아리면, 70여 년의 성상이 된다. 대학교수로서 정년을 마치고 다시 시작한 시인의 길은 첫 시집 『편지』로부터 『그대는 나의 별』·『불꽃』·『환생』을 거쳐 다섯 번째 『여운』에 이르는 시편들이 옥빛 구슬로 잘 꿰어져 있다.

우강 시의 미학으로 통하는 통로는 첫째, 가족사와 혈통에 관련된 시편, 둘째, 세계로의 여정에서의 느낌을 다룬 시편, 셋째, 건강 문제를 소재로 한 시편, 넷째, 소설가 박경리 선생의 추모시, 다섯째, 사물에 대한 깊은 사유로 파고드는'달과 매미'와 관련된 시편들로 이루어진 상이한 채색의 길들이 있다.

첫째 통로는 가족사와 관련된 시편들로 부모, 부부, 손자와 손녀를 다룬 3대에 걸친 시편들

우강의 시에는 개인사와 민족사를 희망으로 받아들여 현실로 이루어내는 시적 체험이 무르녹아있다. 삶의 일대기를 다룬 개인의 자화상에 머물지 않고 부모로부터 손자 손녀 세대로까지 확장되고 있다. 우강은 한 가족이 이민을 통해 세계로 뻗어나가는 만족감을 생활시 속에 내리사랑으로 드러내기도 한다.

우강의 제2 시집 『그대는 나의 별』에서는 아버님 서거 42주년, 어머님 서거

11주년에 지은 「세월 잇기」에서 "그 새벽/홀쭉한 손으로/아들 손 꽉 잡고/"아들아/가문 빛내는 사람되거라./네가 언제나 자랑스러웠다."/삼대 독자에게/뜨덤 뜨덤/마지막 말씀 남기고/조용히 세상을 하직한/채 예순도 못 채우신 아버지"의 모습을 시화한 것이 삶에 원형적 심상으로 자리하고 있다. 이 말씀을 지키고자 하는 아들 우강의 진심이 시혼으로 피어나는 시적 흐름을 따라가 보면 가문 정신의 지향점으로 귀착된다.

「저녁 상」은 가족사와 여행시의 복합 소재의 시편들을 대표한 시로 이렇게 드러낸다.

미국에서 태어나
온 가족의 기쁨의 샘이던
외손녀 세아가
6학년의 소녀로 훌쩍 컸다.
(중략)
세월은 지나고
귀여운 손녀는 어느덧 자라
할애비 저녁상을 차려다 주니
이미 기쁨과 대견함에
가슴 벅차
배가 부르구나.

소박한 가족 시의 뒤편에는 미국에서 태어나서 가족에게 기쁨의 샘이 된 외손녀 세아가 어느새 6학년 소녀로 성장한 기쁨과 감사가 넌지시 드러나 미소 짓게 한다.

「사이프러스 포인트 공원」에서는 "매일 일과처럼/손자 손 잡고 걷고 즐기는/이 동네 넓은 공원이/언제나 기쁨으로 맞아주니/새로운 이웃으로 정겹다"라고 하며, 생활 속의 소소한 행복담을 시로 표현한다. 이 시에서 시적 자아는 한씨 가문 3대 독자로 태어난 자신의 존재로부터 손자 손녀들로 이어지는 확장된 가족사와 창조주의 눈으로 볼 때 지구별의 한 점에서, 세계가 이웃으로 하나 되는 정겨운 여행자로서의 넓고 깊은 시야를 생활 시에 담아낸다.

「이빨요정」에서는 "어제/열 살 손녀 세아는/제가 위송곳니를 빼어/책상 서가 위에 놓아 두었다// 학교 가려/아침 일찍 일어나 보니/이빨 놓았던 자리에/용돈이 놓여 있었다"고 하였다. 딸에게는 아버지요, 손녀에게는 할아버지인 우강은 이빨을 소재로 하여 손녀와 딸로 이어지는 3세대의 이야기를 중첩시킨다. 3개의 동심원이 함께 겹쳐 있음을 독자들이 인식하게 될 때, 이 소품 같은 시 한편에서도 가문사와 가족사가 연결되고 있음이 보인다.

둘째 통로는 유럽 남미 아프리카까지도 통하는 여정의 시혼을 다룬 기행시편들

우강의 활동 범위는 세계다. 세계 곳곳을 여행하며 역사와 문화와 예술을 향유한다. 여정에서의 느낌을 다룬 시편들은 '우강友江'이라는 호처럼 여행을 통해 자유롭게 흘러가는 인생의 물결이 되어 메마른 지성과 감성에 생기를 더해준다. 그는 감각적으로 사소함 속에서 지혜를 찾아내어 여행의 서정으로 풀어낸다.

일상에서 벗어나 세계를 보여주는 여행 시에서는 지구촌 전역을 두루 두루 대상으로 삼고 있다. 시베리아를 비롯하여 발틱 삼국의 하나인 <에스토니아>, <페루>, 스페인의 <톨레도>에서 스위스의 레만 호반, 아프리카의 <잠베지 강>에 이른 광대한 지역을 시에 담아내지만, 그 대단원은 이스라엘의 성지 순례 시다. 제1 시집 『편지』의 지구촌 여정으로 「아프리카 하늘여행」에서 시작한 외국 여행과 『불꽃』에서 「시온산과 감람산을 바라보며」, 「쌍무지개 떠오른 갈리리 호수에서」에서, 그리스도인으로서 성지에서 만나는 주님의 자취에 대한 행복감을 다루고 있다. 이번 시집 『여운』에서는 「주의 은혜와 내리사랑」을 5장의 표제로 삼아 성탄절 오후 어바인의 설트크릭 해변에서 쓴 「다시 태평양 해변에서」, 「Fullerton의 파아란 하늘 파란 마음」,「사이프러스 포인트 공원」, 「칠월 폭염 한밤의 바람결」, 「깊은 마을 예수의 교회」로 하여 시의 여정을 국내로 귀환하여 마무리한다.

성탄절 오후, 어바인의 설트크릭 해변에서 쓴 「다시 태평양 해변에서」는 이렇게 읊고 있다.

> 캘리포니아에 몇 번 왔지만
> 태평양이 끝없이 펼쳐져 있어도
> 그 끝없음이란 무얼 의미하는가
> 영원과 잇대인 저 넓은 바다는
> 어떤 영감을 지니고 있는가
> 숙고한 일은 드물었다.
> (중략)
> 로스엔젤레스 천사의 고장 남녘
> 어바인에 터잡은 딸네에 와서
> 사무치게 보고싶은 손녀 손자와
> 태평양 해변 설트크릭에 가서
> 새삼 옛 회상에 젖는다

「Fullerton의 파아란 하늘 파란 마음」에서는 참 세상이 이렇게 얄궂은지 문밖에서 "할머니 할아버지 안녕"하며 크고 밝은 소리로 인사하고 학교에 가는 서일과 세아의 사랑 담긴 목소리만 들어도 그 순간에 세상이 환하게 빛남을 통하여, 시적 화자가 가족시의 주역인 손자 손녀의 등교하는 뒷모습을 바라보면서, 겨울 나그네의 외로움을 벗어나는 행복한 노부부의 일상을 여행시와 가족시의 융합으로 그려낸다. 「깊은 마을 예수의 교회」에서는 예배 시간에 삼위일체 하나님을 가슴과 가슴으로 전해 받는 교우들의 빛나는 얼굴 얼굴에서 성지 순례에서 목격했던 경건한 모습을 갈리리 호숫가에서 예수님과 함께 기도하던 초대교회 제자들의 예배처럼 성스러움이 넘치는 순간을 체험하는 영혼의 설레임이 드러난다. 인간으로 태어난 것은 하나님으로부터 받은 최고의 선물이다. 또한 한국에 태어나되, 사교로 박해받아 십자가의 고난을 피할 수 없었던 시대를 지나, 20세기에 당진의 우강 마을에서 태어난 것은 더할 수 없는 축복이요, 행운임을 절감한다.

우강은 장로 시인이다. 윤동주 시인의 후배이며, 박경리 작가의 후견자로서 영생으로 통하는 <천로역정>의 축복된 길을 허락하신 하나님께 감사하는 심성이 시의 기저구조에 드러난다. 나날의 작은 행복도 진솔하게 시로 다듬어내고, 살아있음을 축복으로 여기는 감사의 마음이 시에 잘 스며 있다. 행복한 삶의 원천은 주님의 은총임을 믿으며, 때로는 가족 이야기로, 때로는 건강과 여행 이야기로 다양한 색채를 입혀 소박하지만, 화려하게 펼쳐내는 미학의 창조자다.

우강은 연희의 선배 시인 윤동주의 「서시」에서 '바람과 잎새'의 상관적인 이미지를 '보름달과 매미'로 치환시키며, 자신의 '인생길' 을'천로역정'에 투사시킨다. 그의 시 정신은 신앙의 대상인 하나님 앞에 한 점 부끄럼이 없는'작은 예수'의 길을 따라 걷고자 했던 시인 윤동주의 못다 한 삶을 차곡차곡 채워나가는 시인이요, 행복한 사나이다. 윤동주는 북간도 명동촌에서 1917년 12월 30일에 태어나서 1938년에 연희전문 문과에 유학을 왔고, 1941년 11월 20일에 「서시」를 지었다. 우강 시인은 충청도 당진에서 1941년 12월 3일, 음력 시월 상달 보름에 태어나 윤동주가 거닐던 연희교정에서 문과대학 교수가 되었고, 문헌정보학의 권위자가 되어 제자들을 가르친 후 정년을 마쳤다. 그는 제2부 인생을 시인으로 살면서, 윤동주 시인과 우강 자신을 은연중 하나의 동심원으로 중첩시켜 인식하고 있다.

작가론적 측면에서 우강을 좀더 살펴보면, 1996년 한총련 사태와 같은 극단적인 학생운동이 온 나라를 긴장시키고, 민주화의 위기를 불러왔을 때, 그 진압 과정의 중심에 서 있었던 인물이 우강이다. 당시 연세대학교 학생처장으로서 굽힐 줄 모르는 선비의 기개로 정의와 원칙을 지킨 판단으로, 사태의 주동자에 대한 중징계의 결단을 통해, 국민과 언론의 주목을 받았다. 우강은 교육행정과 문헌정보학의 전문가이다. 연세대학교 교수로서 탄탄한 전문 이론 위에서 세계도서관정보대회 집행위원장, 대통령 소속 도서관정보정책위원회 초대 위원장으로, 선진 일류국가를 선도하는 도서관을 위해, 도서관 인프라의 고도화로 국가 지식경쟁력 강화, 유비쿼터스 환경에 따른 미래형 도서관을 정책 목표로 내세운 한국 도서관 정책의 개척자였다. 문헌정보학의 선진국인 영국의 셰필드에 유학까지 하면서 체득한 최고의 전문지식으로 한국의 문헌정보학 수준을 세계 수준으로 들어올렸다. 이러한 전문가로서의 경력은, 윤동주 시인이 일제의 제도적인 한글 말살 정책에도 굴하지 않고, 광복에의 염원을 담아 한글로 저항시를 쓴 것과 궤적을 같이하는 후배 우강의 전문 영역을 통한 나라 사랑의 길이요 문화강국으로의 길이었다.

우강의 시는 전문적인 기교파 시인의 안목으로 보아서는 그의 시가 지닌 특질을 증명해내기에 부족함이 있을 것으로 판단하고, 이 시평에서는 인문학적 안목에서 우강의 삶이 시 정신으로 숙성되고, 그 결과가 빙산의 일각으로 드러난 시와 그 맥락을 함께 보고, 시적 변용을 일으키며 형상된 시의 진경을 살폈다. 필자는 우강 시인의 깊은 내면에서 시적 변용을 거쳐 드러난 시어들의 의미를 대표 시어와 소재를 분석하며, 시적 궤적을 따라 한걸음 한걸음 나아갔다.

「여운」에서는 어느새 다가온 인생의 가을을 맞아 젊디 젊은 영혼을 모두 바쳐서 그것이 끝일지라도 회한은 없다고 말한다. 그는 겨울 나그네가 만난 사랑의 폭풍을 미소 지은 채 한자락 여운으로 흘려보내는 자신의 현재를 인생의 가을로 표현하지만, 심안의 세계에서는 이미 폭풍 같은 겨울을 헤쳐 나온 후의 향긋한 봄 향기를 느끼고 있음이 읽힌다.

셋째 통로는 건강 문제를 소재한 시들과 극통에서 체험하는 승화 궤적

우강은 제 1시집 『편지』에서 『여운』에 이르기까지 건강 문제를 다룬 시들의 시적 성숙과 종교적인 극복을 「극통(極痛) 그리고, 주 예수」에서 이렇게 보여준다.

왜 그런 극통을 아프다고
소리지르지 않느냐고 되묻는다
수술 도중이라도 진통제 주사하면
아픔을 줄여 줄 수 있었다고

죽을 힘을 다해 인내하며
그 고통 견뎌내다가
우리 주님 뵈올 수 있었으니
창자가 끊어지는 통증은
예수님 만날 축복의 기회였으니...

「노래, 사랑, 삶의 詩」에서는 '극통'이란 시어를 "노래에 살며 사랑에 살고/극통의 비극도 받아 안으며"라 하여, '극통'을 순명(順命)의 사랑에 이르는 삶의 용광로에 비유하였다.

『불꽃』의 「면역주사」에서 "가슴에 소멸되지 않고/타오르는 그리움의 통증/어떤 면역제가 필요"하기에, 에서는 명의를 찾아 치유해야 함을 내세웠지만, 정강이의 상처는 손녀의 '뽀뽀'사랑으로 치유된다고 하였다. 타오르는 그리움의 통증은 육신의 '극통'에서 주 예수의 무한 사랑을 만나 깨닫게 되었기에, 육신의 고통을 넘어서는 종교적인 승화의 길을 만난 기쁨을 노래한다.

우강 시의 최종 목적지는 믿음의 길에서 말씀대로 살다가 영원으로 통하는 천국을 향해가는 것이다. 그는 시 '극통'에서 가장 근접해서 천국을 보았다. 참을 수 없는 극심한 고통의 순간에, 하나님의 아들 독생자 예수 그리스도의 십자가의 고통을 떠올린다. 우강의 시 소재로 자주 등장하는'지극한 통증'은 몸과 마음으로 동시에 느끼는 고통이다. 긴장과 초조함 속에서 건강 검진의 결과를 기다리는 순간, 암의 징후가 발견되어 참담한 어둠과 마주하는 순간, 수술하는 과정에서 겪게되는 극심한 고통의 순간에, 인류 최고의 사랑으로 '극통'을 이기신 예수 그리스도의 십자가를 생각한다. 육신의 극심한 고통 끝에서 십자가를 가장 근접해서 만나는 참 신앙인의 모습이 보인다.

「동행」에서는 생명을 얻는다는 것은 기적이며, 그 생명을 유지한다는 것은 은혜이며 행복이기에, 건강하게 인생을 산다는 것은 지상에서 얻을 수 있는 최고의 선물로 인식한다. 마음과 육체의 병고와도 오순도순 동행하며 사는 것이 달관의 지혜임을 일깨워준다. 또 「변화」에서는 노을이 깃든 여년의 가슴에 담긴 짙어가는 가을 낙조의 빛깔과, 차가운 추풍에도 견디는 만산홍엽의 장려한 채색의 심장을 가지고, 나날을 행복하게 살아감을 생명의 노래로 즐긴다.

넷째 통로는 박경리 선생에 대한 존경과 학으로의 환생을 소망하는 추모시

제 1집의 『편지』의 「선생님 이사 가시다」이래 「선생님 여읜 10년 세월에」, 「네바 강가에 선 박경리 동상」,「서울에 온 푸쉬킨」등 아름다운 인연에의 추모와 헌사 등 박경리 선생을 대상으로 한 시가 여러 편 등장한다.

「선생님 이사 가시다」에서는"선생님을 여읜 후/마지막 보내는 날/하늘도 빛을 잃어/구름으로/슬픔 가득"이라 하였고, 「환생」에서는 2016년 5월에는 한강을 지나며, "다음 생엔/우리 학(鶴)으로 환생하여/대지가 온통/연두빛 비단으로/눈부신 오월이면/ 금비늘 은비늘 반짝이는/저 푸른 강의 윤슬과/높고 낮게 구릉져/손잡고 늘어선/유연한 산맥 따라"라고 했다. 제4 시집 『환생』의 「네바 강가에 선 박경리 동상」에서는 2018년 6월, 러시아 상트페테르부르크 대학 정원에서 "불초 후예 저희들은/가슴에 치밀어 오르는 눈물 감추고/두 나라 대표들 기쁨으로 함께 제막하여/이 나라에 다시 탄생한 선생님/이 신선하고 깨끗한 바람결 소리 들리고/때론 눈 비 내리는 하아얀 순수의 빛 비춰오며/ 붉은 해당화 피어 눈부시고/ 마로니에 푸르름으로 사위 지키는/ 역사 찬란한 땅, 높은 지성 감도는 뜰에/별처럼 반짝이소서 영원처럼 타오르소서."하였다.

일반독자들의 눈에는 단순히 박경리 선생에 대한 존경심을 드러낸 추모의 시편으로만 보일 수도 있겠지만, 우강 시인에게 있어서 작가로서의 박경리 선생은 타인이 아닌, 시인의 또 하나의 자화상으로 자리하고 있다. 한러수교 20주년을 기념하며, 러시아의 푸쉬킨 기념상이 한국에 건립되었다. 그와 대응하여 한국을 대표하는 작가로는 박경리 선생의 동상이 푸쉬킨의 고향에 세워졌다. 이것은 한국의 대표 문인이 세계에 동상으로 세워진 최초의 사례이다. 이 사업을 인물 선정 단계부터 박경리 선생을 적극 추천하여, 동상 건립이 이루어지는 데 가장 크게 기여한 분이 우강 시인이다. 우강의 시적 자아는 박경리 선생과 그의 대표작 「토지」 속에서 주인공을 비롯한 그 주변 인물들과 함께하는 인간상의 여운으로, 열정과 지성, 그리고 작중 인물들의 체취와 함께 시혼으로 채색된'메타 자화상'이다.

다섯째 통로는 사물에 대한 깊은 사유로 파고드는 '달과 매미들'의 시편

우강은 시월 상달 보름에 태어났기에 달과 별, 그리고 우주에서의 자신의 위상과 존재에 대한 넓고 깊은 철학적 사유속에서 보름달, 초승달, 낮달 등을 시어를 펴 올린다.

어젯밤
초사흘 초승달
유난히 초롱이더니

아침 뜰에
하얗게 피어난 치자꽃
두 송이

어쩌면 그 고아한 하얀 모습
그렇게도 짙은 향 지녔느니
여름 밤 초사흘
초승달 맞으려 피어난 치자꽃
아름다운 맵시여
고고한 자태여

-「초승달 치자꽃」전문

「시월 보름 개기월식」에서는 "나는 태어남부터/달의 사람이다.//하늘과 부모의 은혜로/태어난 날이/음력 시월 보름/ 80평생 그날은 언제나/밝고도 아름다운 보름밤이었다"라 하여, 음력 10월 15일 보름밤에 81세 생일을 맞는 느낌을 서정으로 풀어내고 있다. 또 <낮달>에서는 "저 붉고 선명한 자태/인간의 영혼을 흔드는/단아한 낮달"로 표현하였다.

섬세하고 깊어진 성찰의 시인 우강은 자신의 생일마다 축하해주는 보름달이 평생의 친구다. 우강은 자신의 탄생과 함께 인생 여정을 우주적 신화와 동일시하며, 그 주인공이 되어 주도적인 만남을 가진다. 첫째는 창조주와의 만남이요, 둘째는 보름달과의 만남이요, 셋째는 학문의 길에서, 교수의 길에서 전문가로서 이룩한 업적과의 만남이다. 그 세 번의 만남은 앞선 세대인 부친의 유지를 잘 받듦으로서 맺은 결실이요, 이는 다시 자식 세대를 넘어 손자 손녀 세대로 강물처럼 이어져가기를 소망하는 우강의 시 정신이자 바람이다. 당진에서 태어나 서울로, 다시 미국으로 더 큰 세상을 향해 활동 범위를 확장해가는 그의 거대한 자아는 5대를 계속 쌓아가며 우강 줄기로 계속 뻗어나갈 것이다.

보름달 빛의 이미지는 피조물로서의 인간이 창조주와의 극적인 만남을 이루는 순간을 가장 상징적으로 표현했다. <천로역정>에서 피할 수 없는 고통, 그러나 반드시 통과해야 할 그 순간을 「극통 그리고 주 예수」에서 사랑의 빛이 가장 절실했던 순간에 가장 확실한 만남으로 일치시키며, 보름달과 함께 세상에 태어난 자신이, 가장 극심한 고통의 순간에 만난 사랑의 빛이 예수 그리스도인 것을 상징적으로 표현하고 있다.

우강은 어릴 때의 추억과 감성을 광화문 네거리를 나는 고추잠자리와 정릉의 나뭇가지에서 울어대는 '매미소리'로 시화했다.

제 2시집 『불꽃』의 2012년 6월에 지은 「광화문 네거리의 고추잠자리」에서는 "6월 초/이른 땡볕 익는/광화문 네거리에/고추잠자리 한 마리/난다. 서울 한복판/시끄러운 소음 천지/여기가 어디라고/예까지 날아왔니"에서는 사소한 동심으로 광화문 네거리의 고추잠자리를 경이의 눈으로 바라본다. 곤충이라는 미물의 안위에 대한 섬세한 배려를 하며 작은 행복을 느끼기에 "반가운 생각에 손을 내밀어 인사한다"고 했다. 어릴 적 사투리의 구사로 "한강에서 예까지 온겨?"라고 경험의 충실성을 드러낸다. 우강은 2012년 6월에 만난 광화문 잠자리에 주목한 이후, '매미' 소재를 거쳐서, 10년이 지난 2022년에는 '참매미'로까지, 곤충에 대한 집중과 사유의 깊이가 발전한다.

이번 시집 『여운』에서 등장하는 첫 번째 작품에서는 일반적인 '매미'로 등장하고, 두 번째 작품에서는 '참매미'로 그 범위를 특화시킨다. 우강의 매미에 대한 관심은 일상을 넘어서는 시적 자아의 은유적 주인공으로서 '매미 이야기'를 통해 자신의 삶을 시로 승화시킨다.

우강은 충청도 당진에서 태어나, 지구촌의 다른 대륙과 대양을 여행하면서 자신이 살아온 팔십 평생의 자취를 살펴, 다른 차원에서 살아가는 매미를 통해 자신의 성장과 성숙을 표현하고 있다. 우강은 아시아에서 태어나 호주를 포함한 유럽, 아프리카 남미 북미 등 5개 대륙의 지표를 밟아보았다. 좀 더 시야를 확장해 보면, 그의 세계로의 여정에서 찾아낸 생각의 산물이 '매미'다. 우강은 세상을 자유롭게 돌아본 후 '생활철학의 시인'의 눈으로 한여름 '매미'를 보고있다. 우강은 참매미의 눈으로, 광활한 우주 공간에 자신이 살고 있는 지구별을 타자화시키면서, 비행기 속에서 태양과 달과 지구를 보면서, 태초의 그날, 창세기의 그날을 회상한다. 하나님이 우주와 인간을 만든 섭리 속에서, 죄로 인해 영생과 멀어진 인간을 다시 치유와 회복의 길로 이끌기 위해, 복음에 목숨을 걸고 한국에 온 언더우드, 게일 등이 한국 기독교 교육의 초석을 놓은 연세대학교에서 깊은 신앙인으로 성숙하였다. 우강은 연세대학교회에 출석하며 찬양대원이 되어, 주일마다 예배 찬양을 올리는 신실한 크리스찬이다.

우강의 일생을 그가 사유하는 '매미의 합창'으로 보면, 자신이 하나님을 찬양하고 은혜에 감사하는 삶과, 열정을 다해 노래하는 참매미의 삶이 하나로 겹친다. 인문학의 거울에 비친 우강의 시편들은 겉으로 드러난 시행과 그 이면에 맑고 찬연한 시정신이 '참매미의 삶과 노래'로 투사되어 있음이 보인다.

2010년의 첫 시집 『편지』로부터 15년이라는 시간 동안 사물을 보는 지속적인 통찰의 결과로 얻어진 결실이 이번 시집 『여운』이다. 그 시간은 어쩌면 7년 동안 땅속 애벌레로 살아온 끝에, 지상으로 올라와 허물을 벗고, 짧지만 찬란한 존재의 의미를 한껏 목청을 돋워, 열정적인 세레나데를 부른 끝에, 드디어 짝을 찾아 새로운 존재의 씨앗을 퍼뜨리는 '매미 일생'의 하이라이트 2주간이다. 나무로 치면 꽃이요 열매이며, 우강 인생에 가장 빛나는 시간이다.

첫 번째 매미 시 「합창」에서는 새벽 미명에 집 뒤 숲에서 매미가 합창과 독창을 시작하고, 땅속 7년을 응축한 지상에서의 슬프도록 짧은 2주간의 생애를 마지막 생명과 열정을 다해 지치지 않고 노래하는 숫매미의 구애 끝에 이루어지는 암매미와의 삶과 사랑은 자못 성스럽기까지 하다. 자신의 존재를 씨로 남기고 훌훌 미련 없이 떠나는 매미의 일생에 우강은 자신을 투사하여 가장 아름다운 매미의 노래로 시혼으로 풀어냈다.

이런 매미 시를 두 번째는 「참매미의 짧은 생애」로 다시 더 깊은 관찰의 대상으로 삼아 이렇게 노래한다.

> 내 누옥 집 뒤뜰엔 작은 숲이 있다.
> 여름이 오면 어느날
> 새벽부터 참매미 노래 소리 낭랑하다.
> 홑눈 세 개 정수리에 이고 있는
> 몸 크기 고작 8센티의 작은 체구
> 7년간 긴긴 땅속 생활 접고
> 여름 되면 지구별에 나와
> 새벽 미명부터 힘차게 노래하는 매미
> (중략)
> 7년하고 두 주간의 전 생애 바쳐
> 암매미와의 한 사랑이
> 여름 한밤의 빛으로 빛나누나

「합창」은 창작 시기를 명시하지 않았지만, 「참매미의 짧은 생애」는 2022년 7월 말, 한여름에 지었다고 명기하고 있다.

우강의 시적 자아는 연세의 21년 선배인 윤동주의 순결한 양심과 삶의 궤적을 '참매미의 일생'에 투사하며, 자신이 살아온 팔십 생애에 겹으로 투사시킨다. 다섯 번째 시집으로 꿰어진 구슬 같은 '참매미의 노래'들이 선배 시인 윤동주처럼 한민족의 역사 속에서 여름 한밤에 빛으로 빛나기를 기대하지만, 차가운 세상 속에서도 암매미의 사랑을 얻기 위해 치열하게 구애하듯 그렇게 강렬하고 순수하게 몸 던져 살아왔음을 시적 자아인 '매미'로 은유화시켰다. 원심적 자아는 세상에 있지 않고, 아름다운 빛으로 통하는 영원에 닿아 있다. 이는 「천로역정」의 끝에서 만나는 주님의 사랑으로 연결되어 있음을 감추어두고 있다. 우강의 삶과 시의 진면목은 '참매미 같은 삶'이 빙산의 일각으로 드러나는 그의 시편들 속에 있다. 혼신을 다해 노래하는 매미의 두 주간의 시간이 땅속 7년을 응집시킨 절정 위에서 누리는 온전한 생명의 시간이며, 새로운 생명을 창조하는 참매미의 경이로운 시간이다. 정년 후 새롭게 걷는 온전한 시인의 길에서 15여 년간 혼신을 다해 창작한 다섯 권의 시편들은 우강의 처연하고 아름다운 '참매미의 독창'이다. 그의 노래는 성경에서 말하는 진리와 자유의 노래이며, 지구별을 보듬는 따뜻한 휴머니즘이다.

우강의 시적 자아인 '참매미'는 중고등학교 시절부터 소년 시인으로서 높은 평가를 받았던 제1기 창작기를 지나, 문헌정보학자로서 연세대학의 부총장으로, 또 원주 매지 캠퍼스의 최고 책임자로 대학의 교육 행정을 총괄한 지도자의 길을 걸었던 거의 60년에 가까운 시간 동안 문학 창작 행위를 하지 않았다. 그렇게 보면, 평생에 해당하는 60여 년이 시 창작 활동에 있어서는 공백으로 여겨지지만, 이 시기는 충실하고 풍만한 매미의 땅속 7년과 같은 시간의 의미를 가진다. 우강 시인의 맑고 고상한 시 정신의 절정에서 등장하는 '참매미의 노래'는 여타 문학 예술인이 보는 것보다 한 차원 더 깊은 철학적 사유에서 길어올린 시어이며, 그의 시 세계일 수 있다. 이는 일반 평론의 차원을 넘어서 인문학의 차원으로 감지하고 직감으로 찾아낸 우강의 '시적 자아와 참매미'의 동일화 현상이다. 「참매미의 짧은 생애」에서는, 새벽 미명에 집 뒤 숲에서 우는 매미의 합창과 독창에 주목했다. 그 매미들은 7년간 땅속에서 살다가 지상으로 나와 탈피하고 비로소 매미로 탄생하여, 단 한 달여 정도 밝은 세상에서 짧은 생애를 살고 간다. 온 생명을 바쳐 청량한 목소리로 연인을 위하여 지치지 않고 노래하는 것으로 서술했다. 그 매미들은 삶과 사랑을 위해 노래하다가 짝을 만나면 귀한 씨를 남기고, 미련없이 처연하고도 아름다운 합창을 하고 일생을 마무리한다고 시인은 말하고 있다. 여기에 비해 「참매미의 짧은 생애」에서는 시인 자신이 살아온 삶의 질량감을 '참매미'속에 투사하며, 매미들의 합창 속에서도, 참매미의 '독창'에 초점을 맞춘다.

또 「어두운 밤 유리창 비친 백발」에서는 "연륜 흘러 팔십여 년/어느새 희게 센 머리/엷은 미소 머금은/나의 인생이/그곳에 비춰 있다"라고 하여. 세월의 강과 함께 흐르고 흘러서 백발이 된 자화상을 그려내고 있다. 이 시와 연관해 보면, 참매미는 고도로 은유되고, 상징화 된 우강 시인의 가장 깊은 심성 차원의 진경이고, 그 경지에서 읊어대는 타자와 우주를 향한 시혼의 서정화는 우강의 열정이요, 사랑의 노래다. 이는 우강 시의 전반에 흐르는 하나님을 향한 깊고 순수한 신앙의 간절한 기도이며 축복과 은혜에 대한 감사와 찬양으로 연계된다.

표제시 「여운」은 우강의 전 생애에 대한 회상과 확장의 투사

「여운」은 우강이 살아온 삶이 보여준 자아와 타자에 대한 열망과 향수한 축복과 사랑에 대한 감사의 응답이요 시적 변용의 의미화다. 한국인의 정체성과 일제 암흑기 망국민의 한과 설움을 극복한 봄의 찬가로 부르는 환희의 송가가 여전히 귀에 여운처럼 들려오게 한다. 자신을 포함한 한국인의 현재와 미래를 이념적 삶으로 치환해 보면서, 현재의 축복과 감사를 여운으로 확장시키는 영원을 향한 몸짓이며 고요히 다가오는 평강의 꽃비다.

여운餘韻

어느새 가을이 온다
한평생의 삶 그 여운이
꽃향의 흐름처럼
고요히 가슴에 밀려오고

깊은 우정으로
시대를 지나온 다정한 벗들도
이제는 조용한 여운으로 번져가고

젊디 젊은 영혼 모두 바쳐
그걸로 끝이어도
회한은 없으리라던

사랑의 폭풍도
아 이젠 미소지은 채
저 만큼 지나가는 여운 한자락

이 가을 이울면
북풍 한파도 밀려오겠지
그렇게 긴긴 여운 남기며
우리네 삶도 흘러가겠지...

-「여운」 전문

우강은 「여운」에서, 나라 잃은 조국과 겨레의 생존과 자유를 위해서 젊디 젊은 생명 바친 시혼을 불살라 우리들의 가슴에 아로새기는 시들을 남긴 윤동주 시인을 흠모하여 연세에 발을 옮겨 자신이 반세기 이상 피워올린 봄꽃의 향내를 맡게 하고 있다. 현역으로 못다 피운 꿈과 문학정신을 생명의 봄 서기에 담아 다시 피어 올리고 있다. 한해를 봄, 여름, 가을, 겨울 사계절로 구분하신 창조주 하나님의 탁월한 디자인을, 연세를 세운 언더우드 선교사의 복음정신을 시정신으로 시혼으로 은은한 향기에 녹여내고 불태우고 있다. 남은 여생도 다정한 벗들과 함께 흘러가는 강물처럼 북풍 한파 몰아치기 전에 조용한 여운같이 함께 하기를 소망한다. 시에 곡이 붙여지고, 그것이 다시 성악가의 소프라노·바리톤으로 우리의 심금을 울리며 영원으로 퍼져가는 사랑과 그리움이 차마 소멸되기를 거부한다. 심오한 자연의 변화 속에서 그의 눈은 한여름 치열하게 온몸으로 노래하던 참매미의 눈과 하나가 되어 아름다운 빛과 색채의 향연을 더 오래 시에 담아내고자 한다. 지구촌 곳곳에 펼쳐진 멋진 자연과 인간의 하모니를 영혼의 울림이 담긴 시로 노래하며, 주어진 시간에 대한 아쉬움을 넘어서서 지칠 줄 모르는 열정으로 '참매미의 노래'를 우리 곁에서 불러주고자 한다. 우리들의 삶이 흘러가더라도, "시베리아 횡단열차 안에서 새벽잠 깨어 별밭 하늘을 우러르던 그 기운"으로, "삼다도 바닷가에 검은 용이 비상하는 그 용솟음으로, 찬란한 새벽 여운"이 지구별 모든 피조물에 창조주의 손길로 닿기를 염원하고 있다.

一粟 오명섭 서예가

사진작가, 수필가, 시인 愚齋 윤중일

서예가, 사진작가 프로필

서예가
一粟 오명섭

우강 시인과 40여 년 친형제처럼 지내 온, 우리 당대의 명필 一粟 오명섭 서예가는 전남 곡성에서 1952년 출생했다.

학정鶴亭 이돈흥李敦興을 사사하여 나라의 명필로 우뚝 선 그는 1991년 국립현대미술관 초대작가로 이름을 떨치기 시작하여 제1회 송곡서예상을 수상했으며, 2004년과 2013년에는 대한민국미술대전 심사위원장, 2006년에는 동 운영위원장으로 선임되는가 하면, 현재 (사)국제서예가협회 부회장 등 눈부신 활동을 하고 있다.

지난 40여 년간 수차례의 개인전, 수십 차례의 국내외 서예전에 출품하며 서예가로서 지칠 줄 모르는 오롯한 창작 활동을 펴고 있는데, 특히 2019년 3월에는 서울의 인영아트센터에서 <一粟吳明燮書展>을 개최하여 경향각지의 서예가와 서예를 사랑하는 이들이 구름처럼 운집하는 경사도 있었다. 그는 현재 광주에서 여러 대학에 출강하는 한편 무등서예연구원장으로 후진을 양성하며 한국 서예의 빛나는 맥을 이어가고 있다. 그는 2022년에 무등서예연구원의 제 40회 서예전을 열어 끊임없는 서예 연구와 예술적 성과를 과시하는 기념비적인 행사를 치르기도 하였다.

소설가 문순태 교수는 “묵향처럼 그윽하고 난향처럼 고결한 향기에 흠뻑 젖어 있다”고 서예가 일속의 면모를 묘사하면서 “자기만의 독창적인 작품 세계로 일가를 이루고 고매한 인품을 닦은 자만이 영혼을 적시는 향기를 발산할 수 있다”고 그를 평하였다.

사진작가, 수필가, 시인
愚齋 윤중일

우재 윤중일은 1943년 경북 영천에서 태어났다. 그는 뛰어난 사진작가이다. 사진작가로서 그의 삶의 여정은 이러하다.

대한예술가협회 총무이사, 한국사진가협회 창작분과 위원, 한국불교사진가협회 회장, 한국예술사진가협회 감사와 월간 <한국수필> 사진기자를 역임하였다.

그가 연 전시회도 "9인전"(문학의집 서울갤러리, 2016), "윤중일 개인전"(문학의집 서울갤러리, 2019)과 사진동아리전에 100회 이상 출품하였다.

우재는 또한 사진 전문작가일 뿐 아니라 수필가이며 시인이기도 하다. 그는 한국문인협회 회원이며, 한국수필가협회 운영이사, 미래수필문학회 회원, 계간 "리더스에세이문학회" 회장이기도 하다. 금년 9월에는 시 '풀잎처럼' 외 4편이 월간 <문학바탕> 9월호에 민용태 교수와 곽혜란 시인의 추천으로 신인문학상 시 부문에 당선되어 시인으로 등단하였다. 강남윤아트 대표인 우재는 수필가로 제 8회 후정문학상을 수상하였고, 수필집으로 <그날도 오늘처럼>이 있는데, 그 수필집을 펴보면 수작의 명품사진 100여 점이 삽화로 실려 있다. 2022년 말에는 그의 예술적 사진과 수필을 엮은 <불편한 침묵>이란 아름다운 포토 에세이를 상재하였다.

“한국수필가협회 편집주간인 권남희 선생은 우재에 대하여 다음과 같은 평을 하고 있다. “윤중일 수필가는 이미 사진을 취미로 한 지 40년을 넘은 원로 예술가이다. 그의 사진에 대한 사랑과 열정은 놀랍기만 하다. 그는 70년대 초반 기와집 반 채 값을 주고 카메라를 선뜻 사들여 세상을 누볐다. 렌즈에 한국의 사계절과 해외 명소들의 풍경을 담노라 머리는 희어 졌지만 이제 멀리서 봐도 예술가의 아우라가 풍겨 나온다.

윤중일 수필가의 달착지근하면서 구수한 문학적 근원을 따라가면, 그의 정서에는 족히 수백 년은 넘었을 칡뿌리가 박혀있다. 그가 자랐던 고향의 자연과 그에 따른 사계절의 서정이 고스란히 그의 몸과 마음에 녹아 한겨울 산 속 칡이 된 것이다. 또 한 가지 그가 문학과 예술사진을 해야 하는 절실한 이유는 결핍감이다. 청력장애를 안고 살았던 어머니를 향한 애틋함, 배움에 대한 완결적 갈망, 이상과 같은 사랑에 대한 동경이다.”

나(友江)는 禹齋선생과 2019년 2월 어느 날, 시베리아 횡단 열차를 3일간 동승하고, 시베리아에서 가장 추운 계절인 2월 중순 영하 30°~40°의 꽁꽁 얼어붙은 바이칼 호수에서 나흘을 함께 지내며 따뜻한 우정을 나눈 게 인연이 되었다. 아마도 서로가 지닌 예술적 감성의 교감이 그 배경에 있었으리라. 그래서 이번에 내는 시집 <환생>에 이어 다섯 번째 시집 <여운>에 우재의 뛰어난 사진 작품을 삽화로 곁들여 내기로 의기투합했다. 우재의 배려와 우정에 깊이 감사드린다.